中国数子化趋势

将会被淘汰

不能不会不愿者

将会有新的任务

有远见的企业

别无选择

除了数字化转型

周雲潔

Isabel Wiedenroth

Chinas Digitale Trends

Anregungen für deutsche Unternehmer*innen

Edition SinoGermanTrade.com

Die Deutsche Nationalbibliothek verzeichnet diese
Publikation in der Deutschen Nationalbibliografie;
detaillierte bibliografische Daten sind im Internet
über dnb.dnb.de abrufbar.

November 2022
© SinoGermanTrade.com GmbH
Herstellung und Verlag:
BoD – Books on Demand, Norderstedt

ISBN: 9-783756-850723

Für Leonard
und die Generation Z

Es gibt keine Alternative zur digitalen Transformation. Visionäre Unternehmen werden neue strategische Optionen für sich herausarbeiten. Diejenigen, die sich nicht anpassen, werden scheitern.

Jeff Bezos, Amazon

INHALT

Vorwort

Als junge China-Managerin einer schwäbischen Firmengruppe kam ich 1994 nach Beijing, um an der ersten „Engine China Expo" teilzunehmen. Unser 225 kVA Stromerzeuger mit Deutz-Diesel „Made in Germany" war eines der Highlights der Messe. Dort konnten wir mit unserer kompakten Bauweise, überlegener Qualität und moderner Generatorentechnik die Chinesen begeistern. Mein Chef war überrascht, als ich auf der Messe dieses Power-Gerät für einen guten Preis von rund 80.000 Deutsche Mark an einen Händler in Hongkong verkaufen konnte. Damals verdiente ein Techniker in China ca. 200 Yuan pro Monat. Heute beträgt das Gehalt für gleichwertige Arbeit mindestens 3900 Yuan. Gegenwärtig gibt es in China eine Menge von Motorenwerken, die qualitativ ähnliche Stromerzeuger herstellen, aber zu günstigeren Preisen.

Im Jahr 1995 wurde ich von ZF Friedrichs-hafen, Deutschlands Hidden Champion im Bereich Getriebe- und Fahrwerktechnik, nach Liuzhou entsendet, um dort als Assistentin des

Geschäftsführers beim Aufbau eines deutsch-chinesischen Joint Ventures mitzuwirken. Zum ersten Mal erlebte ich wie zäh, hartnäckig und unberechenbar die chinesischen Verhandlungspartner sein können. Auch wenn ich für diese Verhaltensweisen immer plausible Erklärungen finden konnte, hatten meine deutschen Kollegen dafür kein Verständnis. Die deutschen Ingenieure schauten von oben herab, sie waren die Lehrmeister, sie diktierten. Die deutschen Manager waren skeptisch, ob ihre chinesischen Arbeiter es jemals schaffen würden, ein Getriebe gemäß deutschem Standard herzustellen. Heute wird in dem modernen Joint Venture-Werk Liuzhou ein hoch innovatives Staplergetriebe von ZF produziert, nicht nur für den chinesischen Markt, sondern auch für den Export.

2007 ging ich für BWT AG nach Shanghai, Europas führendes Wassertechnologie-Unternehmen, um dort eine 100%ige Tochtergesellschaft ohne chinesische Beteiligung (WFOE) zu gründen. Aus strategischer Überlegung schlug ich vor, eine solche WFOE mit Produktionslizenz zu gründen, und zwar mit der Planung einer teilweisen Produktionsverlagerung von

14

Deutschland nach China. Leider sah die deutsche Chefetage nur die Möglichkeit, „Produkte made in Germany" über einen Distributor in China zu vermarkten. Sie konnte nicht nachvollziehen, dass die Errichtung einer eigenen Produktionslinie nach deutschen Qualitätsnormen für die nachhaltige Markterschließung in China wichtig sei. Erst 2019 hat BWT eine strategische Partnerschaft mit dem chinesischen Marktführer im Bereich Haushaltsgroßgeräte „Haier" gestartet. Dadurch wollte BWT Haiers Netzwerk von 33.000 Shops nutzen, und die Produkte von Haier könnten durch die BWT-Technologien optimiert werden. Diese strategische Allianz wäre vor zwölf Jahren aufgegangen, aber ist sie heute immer noch ein Erfolgskonzept?

Im digitalen Zeitalter beherrschen Technologie-Konzerne, die sog. Internetgiganten wie Google, Apple, Facebook und Amazon, die globale Digitalökonomie. Sie drängen in immer mehr Branchen und Lebensbereiche. Durch ihren gigantischen Börsenwert von rund 5,3 Billionen US$ haben diese Internetgiganten enorme Ressourcen. Sie beschäftigen die besten Experten, haben die größten

Forschungsbudgets und die größte Reichweite. Gleichzeitig besitzen sie unfassbar viele Daten und die neuesten KI-Technologien, um daraus relevante Rückschlüsse und Erkenntnisse ziehen zu können. Sie wissen, wer wir sind, was wir tun, mit wem wir kommunizieren, was wir mögen und was wir kaufen.

Viele von uns wissen nicht, dass die amerikanischen Internetgiganten wie Google, Facebook und Amazon bis heute keinen Zugang zum chinesischen Markt, dem größten E-Commerce-Markt der Welt haben. China ist seit 2013 der größte Online-Einzelhandelsmarkt der Welt. Im Jahr 2020 hat Chinas Online-Einzelhandel einen Umsatz von 11,76 Billionen RMB (1,51 Billionen EUR) erzielt. Die Zahl der Internetnutzer in China ist im Dezember 2020 auf 989 Millionen gestiegen.

WeChat – die chinesische Super-App, hat mittlerweile weltweit eine Milliarde Benutzer, ist bereits technologisch fortschrittlicher als sein Pendent WhatsApp aus den USA. Ohne WeChat zu verlassen, kann man auf eine Vielzahl anderer Dienste zugreifen (z.B. einkaufen, bezahlen, Taxi bestellen sowie Kurierdienst und Umzugsunternehmen beauftragen). Diese Dienste sind allesamt in einer einzigen Super-App untergebracht.

In diesem Buch möchte ich das Phänomen der digitalen Transformation in China darstellen. Sie besteht aus den großen Trends wie Autonomes Fahren, Elektromobilität, China Standards 2035 und der Digital Silk Road-Initiative. Besonders beschäftigt mich eine neue Form der deutsch-chinesischen Zusammenarbeit nach dem Motto „Coopetition". Es ist wichtig zu verstehen, warum viele der fundamentalen Regeln und Annahmen, die unsere China-Geschäfte in der vordigitalen Zeit bestimmt haben, heute nicht mehr gelten. Warum es für die Global Player heute nicht mehr aus reicht, sich innerhalb der amerikazentrierten Technosphäre zu bewegen. Warum unser Blick auf die schnell wachsende Techno-sphäre Chinas erweitert werden muss.

Provokativ gegen "America First" lautet Chinas Devise: China First. China hat sich von der verlängerten Werkbank hin zu Marktführerschaft in Bereichen wie der 5G-Technologie und der künstlichen Intelligenz verwandelt.

Heute verdienen deutsche Automobilhersteller und Maschinenbauer immer noch viel Geld in China. Ob das langfristig so bleiben wird, ist fraglich. Ob sie weggefegt werden, wenn China endgültig zur Supermacht aufgestiegen ist, ist möglich. Dass deutsche Firmen ihre Lieferketten nach der Pandemie diversifizieren, um Abhängigkeit zu verringern, ist sinnvoll. Ganz von China abwenden wird sich aber niemand. Wo liegt die Kernkompetenzen Deutschlands im Zuge der Digitalen Transformation?

Ich hoffe, dass dieses Buch deutsche Unternehmerinnen und Unternehmer anregt, ihre bisherige China-Strategie zu überdenken und sie gleichzeitig ermutigt, über den Tellerrand zu schauen, um Neues zu wagen. Denn bei der digitalen Transformation geht es nicht nur um Technologien wie KI, Big Data, Cloud Computing, sondern auch um neue Denkweisen und globale Strategie, insbesondere im Hinblick auf unsere China-Unternehmung.

Isabel Wiedenroth
Nov. 2022

知己知彼

百戰百勝

Wer seine eigene Stärke und die des Feindes kennt,
ist im Kampf unbesiegbar.

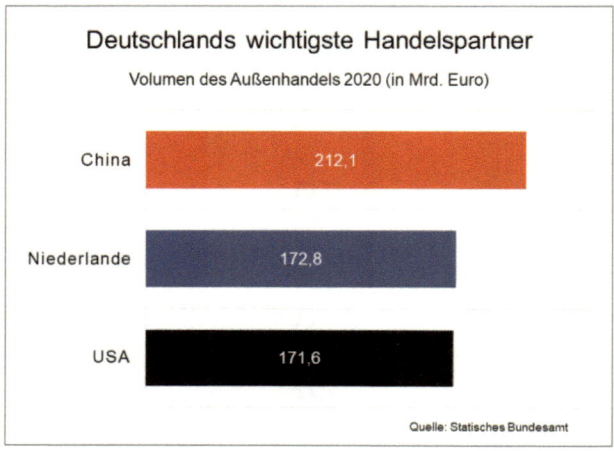

Abbildung 1: Handelspartner Deutschlands

Im Jahr 2021 wurden im Wert von 245 Mrd. Euro zwischen Deutschland und der Volksrepublik China gehandelt. Damit war China im Jahr 2021 zum sechsten Mal in Folge Deutschlands wichtigster Handelspartner.

Digitale Transformation: Blick nach China

Bei der Digitalen Transformation geht es nicht nur um Technologien wie IT-Sicherheit, Big Data und Cloud Computing – sondern auch um globale Strategie und neue Denkweisen. Um sich für das digitale Zeitalter zu rüsten, müssten global agierende Unternehmen ihre strategische Einstellung viel stärker verändern als ihre IT-Infrastruktur. Die digitale Transformation erfordert eine ganzheitliche Sicht auf die Unternehmensstrategie, welche die Bereiche Kunden, Wettbewerb, Daten, Innovation und Wertschöpfung umfasst. Für die Global Player reicht es nicht mehr aus, diese fünf Domänen innerhalb der westlichen, amerikazentrierten Technosphäre zu betrachten. Der Blick sollte auf die schnell wachsende Technosphäre Chinas erweitert werden. Warum? Die Gründe liegen auf der Hand:

1. China mit 1,39 Mrd. Menschen und über 900 Millionen Internetnutzern sieht in seiner aufstrebenden digitalen Wirtschaft eine einzigartige Erfolgsgeschichte, die mit anderen geteilt werden kann. Alibaba, Baidu, Tencent – Chinas Internetgiganten

– sind auf der „Digital Silk Road" unterwegs, um alle Länder entlang der Seidenstraße mit der Datentechnologie der nächsten Generation zu verbinden.

2. Laut dem Bericht des „Wall Street Journal" gehören heute 36% aller 5G-Patente weltweit chinesischen Unternehmen. Allein Huawei verfügt über 1.529 5G-Patente seit Februar 2019 – mehr als jedes andere Unternehmen auf der Welt.

3. Seit 2009 hat China die USA als größter Automarkt der Welt abgelöst. Allein in der Dekade von 2008 bis 2017 hat sich der Absatz von Pkw von 5,5 auf rund 23,9 Millionen mehr als vervierfacht. Im Jahr 2020 lag die gesamte Anzahl weltweit produzierter Personenkraftwagen (Pkw) bei 55,8 Millionen, davon wurden 21,4 Millionen in China produziert.

4. Die Ära des autonomen Fahrens ohne Sicherheitsfahrer hat in China bereits begonnen. Seit 2020 sind in mehreren Metropolen der VR China mit mehr als 10 Millionen Einwohnern regelmäßig Autos

ohne Fahrer unterwegs. Daher führen immer mehr deutsche Hersteller wie z.B. BMW ihre Tests im Reich der Mitte durch.

Benzin und Diesel waren die Kraftstoffe des ersten automobilen Jahrhunderts. Im Zuge der Digitalisierung werden Strom und Daten uns in Zukunft voranbringen.

Das Fahrzeug von morgen wird über viele Fahrerassistenzsysteme verfügen, eng vernetzt mit seiner Umgebung sein, einen effizienten E-Motor besitzen und von vielen Fahrern genutzt werden. Damit all das funktioniert sind Daten notwendig. Mehr Funktionen bedeuten dabei: Immer mehr Daten müssen in zuvor unvorstellbarer Menge und Geschwindigkeit an unterschiedlichen Orten im Fahrzeug erhoben und verarbeitet werden.

Autonome Fahrzeuge versprechen massive Vorteile für die Gesellschaft – aber sie revolutionieren gleichzeitig die klassische Autoindustrie. Das Auto muss neu definiert werden. Über Jahrzehnte war das Auto vom Design und vom Antriebsstrang her emotional geprägt. Das Automobil mutierte zum „Schätzchen" für

Generationen von Menschen. Der Mensch und das Auto gingen eine nahe Beziehung ein, weil das Auto für den Menschen einen besonderen Wert darstellte. Aber wie ist es um dieses „Schätzchen" in der Zukunft bestellt? Wird das autonome Fahren zu einer „Entfremdung" zwischen Menschen und der Maschine Auto führen? Oder entsteht dadurch ein völlig neuartiges Verhältnis zwischen Menschen und Automobil, gerade weil die Kontrolle an den Autopiloten abgegeben wird? Verlagert sich dann die Wertschätzung hin zu neuen, soziokulturellen Aspekten des „Mobil Seins"?

Während wir hier in Europa noch darüber diskutieren und erste Teststrecken planen, hat die Ära des autonomen Fahrens in der VR China längst begonnen. „WeRide", ein chinesisches Startup, hat schon im Juli 2020 in der Millionen-Stadt Shanghai und Guangzhou eine Flotte von 40 Robotaxis ganz ohne Fahrer in Betrieb. Chinas Internet-Konzern Baidu, das „Google Chinas", ließ in der Acht-Millionen-Stadt Changsha eine Flotte von 45 autonomen Fahrzeugen genehmigen. Diese sind ebenfalls als Robotaxis ohne Fahrer unterwegs.

Im digitalen Zeitalter sollten global agierende Unternehmen versuchen, sich bietende Chancen zu ergreifen, die sich sowohl aus amerikazentrierter als auch aus chinazentrierter Technosphäre ergeben, und frühzeitig auf den fahrenden Zug aufzuspringen, um nicht den Anschluss zu verlieren.

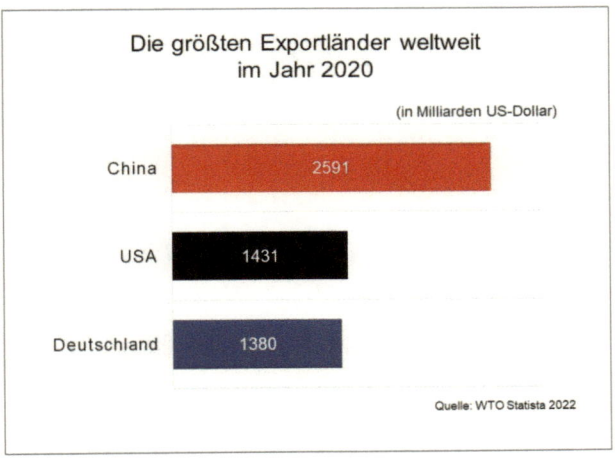

Abbildung 2: Die größten Exportländer

China exportierte im Jahr 2020 Waren im Wert von rund 2,6 Billionen US-Dollar und ist damit mit weitem Abstand vor den USA (1,43 Billionen US-Dollar) und Deutschland das größte Exportland der Welt.

優勢互補

合作共贏

Win-Win-Kooperation
basiert auf kompensierenden Stärken

Keine Angst vor Konkurrenz, schon gar nicht gegenüber Rivalen aus China. Denn es ist klüger, mit rivalisierenden Unternehmen zu kooperieren als zu konkurrieren. Wer sowohl „Competition" und „Cooperation" gleichzeitig beherrscht, also „Coopetition" kann, wird vorne mit dabei sein.

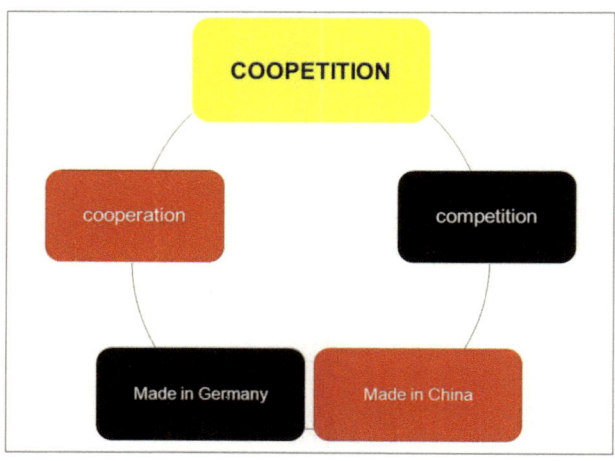

Abbildung 3: Coopetition

Made in China vs. Made in Germany

Deutschland trug den inoffiziellen Titel des Exportweltmeisters seit 2003. Doch bereits im Jahr 2009 verdrängte die Volksrepublik China mit einem Vorsprung von umgerechnet 60 Milliarden Euro Deutschland vom ersten Platz. Trotz Coronakrise exportierte China im Jahr 2019 Waren im Wert von rund 2,5 Billionen US$ und ist damit mit weitem Abstand vor Deutschland (1,49 Billionen USD) das größte Exportland der Welt. Trotzdem hat die deutsche Wirtschaft in den letzten Jahrzehnten von einem immer reicher werdenden China profitiert. Während China vor allem Konsumgüter wie Kleidung, Spielwaren oder Elektrogeräte produziert, führt Deutschland Autos aus und beliefert Unternehmen weltweit mit hochspezialisierten Maschinen.

Die meisten verbinden das Label „Made in China" noch immer eher mit schlechten Produktionsstandards und Markenpiraterie als mit hochqualitativen Produkten. Wie kam der schlechte Ruf von „Made in China" zu Stande? Seinen Tiefpunkt erreichte der Ruf von „Made in China"-Produkten um das Jahr 2007. Zu dieser Zeit sorgten unzählige Rückrufaktionen chinesischer Produkte weltweit für Schlagzeilen. Grund war oft die Verarbeitung giftiger Substanzen. „Hauptsache billig" lautete zu dieser Zeit die Devise chinesischer Hersteller. Und so verarbeitete man tonnenweise importierten Elektroschrott zu günstigen Kinderspielzeugen ohne sich um giftige Bleigehalte Gedanken zu machen. Nicht nur im Westen verbreitete sich der schlechte Ruf von „Made in China"-Produkten wie ein Lauffeuer. Auch in China selbst verloren immer mehr Chinesen das Vertrauen in inländische Produkte. Besonders der wohlhabende Mittelstand kauft Nahrungsmittel gezielt bei ausländischen Ketten wie Walmart oder Carrefour und fährt deutsche Premium-Autos. Auch heute warnt das europäische Schnellwarnsystem RAPEX vor zahlreichen Schutzmasken von chinesischen Herstellern, die nicht der europäischen Norm entsprechen und daher keinen ausreichenden Schutz gewährleisten.

Im Gegensatz dazu ist „Made in Germany" die beste Auszeichnung, die auf einem Produkt stehen kann. Eine aktuelle Studie der internationalen Data and Analytics Group YouGov und der britischen Cambridge University zeigen, dass „Made in Germany" weiterhin weltweit für einen positiven Eindruck von Produkten sorgt. Das internationale „Globalism Project" 2019 befragte Menschen aus 23 Ländern repräsentativ, wie sie Produkte wahrnehmen, wenn diese in einem bestimmten Land hergestellt werden. Zwölf Produktionsländer wurden abfragt. Im Gesamtvergleich stehen Produkte aus Deutschland auf Platz eins der weltweiten Konsumentengunst.

Aber war das Label „Made in Germany" immer ein Qualitätssiegel gewesen? Wie konnte diese Herkunftsbezeichnung sich zum Qualitätsmerkmal entwickeln?

Als Geburtsstunde von „Made in Germany" gilt der 23. August 1887. An diesem Tag wurde das "Merchandise Marks Act", das britische Handelsmarkengesetz beschlossen. Produkte aus Deutschland mussten fortan den Schriftzug "Made in Germany" tragen. Auslöser für das Gesetz waren die Konkurrenzsorgen der Messerhersteller in Sheffield. In Großbritannien tauchten damals immer mehr Schneidewerkzeuge aus Deutschland auf, die den englischen Messern verblüffend glichen. Die Originale aus England waren von hoher Qualität, aus Gussstahl und oft handgearbeitet. Die nachgemachten Messer und Scheren aus Deutschland waren hingegen Massenware aus ungehärtetem Gusseisen. Erst beim Gebrauch zeigte sich die mangelhafte Qualität der Kopien. Daher wurden deutsche Waren mit einem Schriftzug stigmatisiert. „Made in Germany" sollte eine Warnung sein: „Achtung, dieses Produkt scheint zwar günstig, aber es stammt aus Deutschland und ist deshalb von schlechter Qualität".

Der Plan, deutsche Produkte per Herkunftshinweis aus dem Markt zu drängen, war ein kompletter Misserfolg. Ende des 19. Jahrhunderts holten die deutschen Produzenten bei der Qualität ihrer Produkte dramatisch auf. Viele Käufer erkannten nun an „Made in Germany", dass viele Dinge, die sie kauften, aus Deutschland stammten und keineswegs minderwertig waren: Messer und Scheren ebenso wie Kleider, Spielzeug, Möbel, Werkzeuge und vieles andere mehr. „Made in Germany" war nun nicht mehr eine Warnung vor schlechter, sondern ein Hinweis auf gute Qualität. Dies war einer der Gründe, warum die deutsche Wirtschaft Ende des 19. und Anfang des 20. Jahrhunderts explosionsartig wuchs.

Daher müssten gerade die Deutschen die Ostasiaten hier gut verstehen. Dort gilt zudem eine gute Kopie als höchste Form der Anerkennung des Originals. Das Nachahmen ist in der fernöstlichen Kultur tief verankert. So lassen sich die chinesischen Schriftzeichen nur durch genaues Imitieren erlernen. Erfolg durch Nachahmung ist somit Teil des chinesischen Bildungssystems und spiegelt sich auch in der Geschäftswelt wider. Innovation bedeutet hier eine modifizierte Nutzung bestehender Technologien. Der Schutz von geistigem Eigentum ist zwar gesetzlich geregelt, die Umsetzung jedoch bis heute wenig konsequent.

China als die billige Werkbank der Welt soll bald der Vergangenheit angehören. Im Mai 2015 hat die chinesische Regierung einen Fahrplan für die Modernisierung der chinesischen Industrie verabschiedet: Die „Made in China 2025"-Strategie, in der die ehrgeizigen Ziele der ersten Etappe bis 2025 formuliert wurden. Bis zum 100. Geburtstag im Jahr 2049 soll die

VR China zur führenden Industrienation aufsteigen. Das Label „Made in China" soll dann nicht mehr für billige Massenware, sondern für Innovation und Qualität stehen. Der chinesische Premierminister Li Keqiang beschrieb diesen Plan als eine „Initiative zur umfassenden Aufwertung der chinesischen Industrie", die von der deutschen Industrie 4.0 inspiriert sei.

Im November 2019 stellt Bundeswirtschaftsminister Peter Altmaier die Industriestrategie 2030 „Made in Germany" vor. Es handelt sich um ein umfassendes Konzept zur Stärkung der Wettbewerbsfähigkeit der Industrie in Deutschland und zur Sicherung von Wohlstand und Arbeitsplätzen der Zukunft. Inspiriert wurde die Initiative durch „Made in China 2025" und angespornt durch die immer stärker werdende Konkurrenz Chinas.

Globalisierung, Digitalisierung, die Zunahme staatlicher Intervention und die Abkehr von multilateralen Vereinbarungen der Großmächte wie China und USA stellen die Industrie vor große Herausforderungen.

Auch Deutschland, einer der stärksten Industriestandorte der Welt, steht vor enormen technologischen und makroökonomischen Herausforderungen. Deutsche Industrie muss den Anspruch haben, diese Entwicklung chancenorientiert zu gestalten und die globale Wettbewerbsfähigkeit zu stärken. Aber wie?

Die Konkurrenzsituation zwischen China und Deutschland verschärft sich zunehmend. Eine gemeinsame Studie von der Deutschen Industrie- und Handelskammer (DIHK) und der Bundesagentur Germany Trade and Invest (GTAI) im Jahr 2015 zeigte, dass bereits mehr als jedes vierte Deutsche Unternehmen chinesische Firmen zu ihren fünf bedeutendsten internationalen Wettbewerbern zählt. Chinesische Unternehmen sind mittlerweile auch im Mittelpreissegment ernst zu nehmende Konkurrenten. Um dem zu begegnen, wollen die deutschen Unternehmen ihre bestehenden Stärken in Forschung und Entwicklung sowie beim Vertriebsnetzbau ausbauen. Reicht das?

Eine der Domänen der digitalen Transformation ist der Wettbewerb: Wie konkurrieren oder kooperieren Unternehmen mit anderen

Firmen? Traditionell wurden Wettbewerb und Kooperation als binäre Gegensätze betrachtet. Rivalisierende Unternehmen aus ähnlichen Geschäftsbereichen standen in Konkurrenz zueinander, während sie auf der anderen Seite mit ihren jeweiligen Zulieferern oder Partnern, die ihre Waren vertrieben oder zur Produktion beitrugen, kooperierten.

Heutzutage sind die Grenzen zwischen den Branchen allerdings fließend. Unsere größten Herausforderer könnten branchenfremde Unternehmen sein, die ganz anders sind als wir, aber trotzdem unseren Kunden konkurrierende Werte bieten könnten. Wer hätte jemals gedacht, dass die marktführenden Automobilhersteller wie VW oder Toyota nicht mehr die Innovationstreiber bei der Zukunftstechnologie „Autonomes Fahren" sind, sondern Startups wie Waymo und AutoX, die zum Imperium von Google und Baidu gehören.

Die digitale „Disintermediation" stellt Partnerschaften und Supply Chains auf den Kopf – langjährige Geschäftspartner könnten zu unseren Konkurrenten werden, wenn sie anfangen, ohne uns unsere Kunden direkt zu bedienen.

Gleichzeitig könnte es aufgrund ineinander greifender Geschäftsmodelle oder branchenexterner Herausforderungen allerdings auch erforderlich werden, mit einem direkten Wettbewerber zusammenarbeiten.

In diesem Sinne hatte der CEO von Nanjing Aolian Automotive, ein chinesischer Hersteller von Elektronik- und Steuerungskomponenten für Kraftfahrzeuge, uns beauftragt, renommierte Automobilzulieferer wie z.B. Hella in Deutschland zu kontaktieren. Es ging um Kooperation im Bereich Elektromobilität. Nach einem VIP-Meeting in Lippstadt im Januar 2018 bekamen wir von HELLA die Antwort: „Nach Rücksprache mit den HELLA-Verantwortlichen in China besteht allerdings derzeit von HELLA kein kurzfristiges Interesse an der vertieften Prüfung einer Kooperation." Inzwischen hat Nanjing Aolian die Deutschlandpläne beendet, und die Kooperation ist mit einem südkoreanischen Zulieferer von Hyundai Motor Company erfolgreich durchgestartet. Die Aktien steigen kontinuierlich trotz Corona-Pandemie. Hella hingegen startete mit Verlusten ins Jahr 2020. Wegen Rückstellungen für den geplanten Stellenabbau in

Höhe von 169 Millionen Euro, rutschte das operative Ergebnis im ersten Quartal um 115 Millionen Euro ins Minus. Was lernen wir daraus?

Keine Angst vor Konkurrenz, schon gar nicht gegenüber Rivalen aus China. Denn es ist klüger, mit rivalisierenden Unternehmen zu kooperieren als zu konkurrieren. Deutsche Unternehmen müssen sich auf die wachsende Innovationsfähigkeit des chinesischen Markts und steigende Kundenanforderungen einstellen. Das geht nur mithilfe von Investitionen in Innovation. Sich aus dem chinesischen Markt zurückziehen, ist keine Lösung. Dabei werden digitale Ökosysteme das Miteinander von Kooperation und Wettbewerb in China verstärken. Wer sowohl „Competition" und „Cooperation" gleichzeitig beherrscht, also „Coopetition" (Novell Raymond Noorda) kann, wird vorne mit dabei sein. Große Unternehmen ebenso wie Startups müssen sich in die chinesischen Ökosysteme begeben, sich auf Partnersuche machen und die Integration in die bestehenden Plattformen suchen. Beschweren über chinesische Produktpiraterie hilft dagegen nicht. Nur Schnelligkeit, ständige

Innovation und starke Partner können hier schützen.

Wer wird der zukünftige Weltmeister im digitalen Zeitalter?

Deutsche Unternehmen mit Premium-Marken, die innovative Produkte in Verbindung mit neuen Geschäftsmodellen entwickeln und Qualitätsprodukte in China zu bezahlbaren Preisen produzieren können und darüber hinaus in langfristiger Zusammenarbeit mit chinesischen Partnern stehen, die global positioniert sind. „Designed and Developed in Germany" ist weiterhin im Trend, "Made in China with German Know-how" ist die Zukunft.

Denn die einzige sichere Reaktion auf eine sich wandelnde Geschäftsumgebung besteht darin, sich ständig weiterzuentwickeln und jede Technik als eine Möglichkeit zu verstehen, das eigene Wertversprechen gegenüber den Kunden zu erweitern und zu verbessern. Anstatt die dadurch bedingten Veränderungen und Anpassungen hinauszuzögern, bis sie eine Frage von Leben und Tod sind, müssen Unternehmen vielmehr versuchen, neue sich bietende Chancen so schnell wie möglich zu ergreifen, sich von versiegenden Wettbewerbsvorteilen zu verabschieden und frühzeitig auf den fahrenden Zug der digitalen Transformation aufzuspringen, um nicht den Anschluss zu verlieren.

西方衰弱

東方崛起

Schwäche des Westens
Aufstieg des Ostens

Nicht nur der Facebook-Konzern hat große Pläne für sein Metaverse-Projekt. Chinesische Tech-Giganten strömen ebenfalls auf den Markt für digitale Welten - stehen dabei aber einer starken Regulierung in der Volksrepublik China gegenüber. Unter den wertvollsten Unternehmensmarken in Asien führen die chinesischen Tech-Firmen wie Tencent, Alibaba, China Mobile seit 2018 die Rangliste.

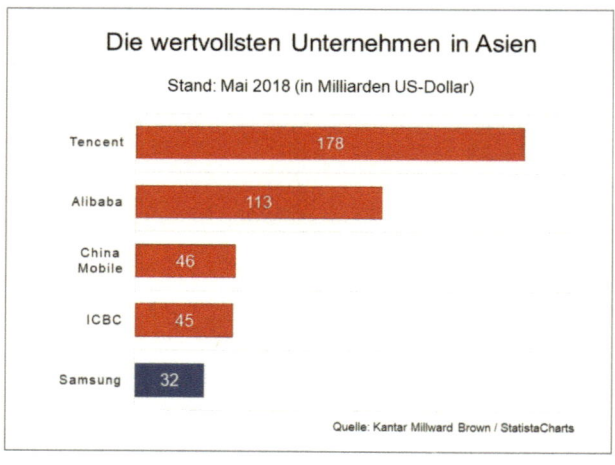

Abbildung 4: Wertvollste Unternehmen Asiens

Autonomes Fahren: China geht voraus

Auch wenn laut Umfragen 45 Prozent der deutschen Autofahrer nicht an die Verlässlichkeit selbstfahrender Autos glauben und daher nicht gerne die Kontrolle an ein technisch hochgerüstetes Fahrzeug abgeben, wird das autonome Fahren bald Realität in China sein. Denn es gibt dort bereits selbstfahrende Autos und Robotaxis ohne Fahrer. Im Unterschied zu vielen Skeptikern sehen die Chinesen eher die enormen Potenziale dieser Technologie für die Umwelt und die Gesellschaft.

Für die Gesellschaft liegt die Chance darin, ältere oder leistungseingeschränkte Menschen besser einzubinden – und jeder Einzelne kann seine Zeit produktiv oder zur Erholung nutzen. Automatisierte Taxis oder Busse werden eines Tages so günstig fahren, dass sich auch der ländliche Raum besser erschließen lässt. Der Verkehr läuft flüssiger, und Güter können rationalisierter und umweltschonender transportiert werden. Je nach Grad der Automatisierung werden sich auch die Unfallzahlen weiter reduzieren, denn für 90 Prozent aller Crashs ist menschliches Versagen die

Ursache. Bis zum Jahr 2026 könnte der globale Markt für vernetzte Autos knapp 200 Milliarden US$ umfassen, sagt die amerikanische Marktforschungsagentur *Reports and Data* voraus. Das „Vernetzte Auto" ist das Thema, welches über die Zukunftsfähigkeit der Automobilhersteller und vieler Automobilzulieferer entscheiden wird.

Der Wettbewerb um die beste Technologie für das autonome Fahren ist weltweit in vollem Gange. Nach Meinung von VW-Chef Herbert Diess hinken die deutschen Autohersteller bei der Entwicklung der Technologie für das autonome Fahren „ein bis zwei Jahre hinterher". An der Spitze des Knowhows stehen US-amerikanischen Firmen wie z.B. Waymo, die zum Imperium von Google gehören. Bald schon könnte China hier übernehmen. Warum?

Im Unterschied zur USA und Europa hat China einen ganzheitlichen Plan, welcher sich nicht nur auf das Autonome Fahren bezieht, sondern auch die Zukunftstechnologien wie z.B. 5G-Technologie, Künstliche Intelligenz und die neue Antriebstechnik mitberücksichtigt. In Sachen Vernetzung hat sich China eindeutig für den Mobilfunk entschieden, vor allem mit Blick auf den 5G Standard. Während sich Europa und die USA weiter um die Entscheidung streiten, fördert China massiv die Technik des autonomen Fahrens und verfolgt dabei einen anderen technologischen Ansatz als die westlichen Wettbewerber.

China setzt auf vernetzte Anwendungen, sogenanntes „Vehicle to Everything" (V2X): Die mit Sensoren und Chips ausgerüsteten Fahrzeuge bekommen dabei viel Unterstützung von Leitsystemen am Straßenrand. In den USA hingegen konzentrieren sich Forschung und Entwicklung eher auf „autonome, smarte Autos", die individuell mit ihrer Umgebung fertig werden sollen.

Ein bedeutender Teil der massiven Konjunkturspritzen, mit denen Peking seine von den Corona-Lockdowns angeschlagene heimische Wirtschaft ankurbelt, wird schon zur Förderung von V2X eingesetzt. Marktbeobachter gehen davon aus, dass die staatliche Förderung im größten Automobilmarkt der Erde den „Kampf der Systeme" zwischen vernetzten und individuellen Konzepten gerade entscheidet. Wird sich die chinazentrierte Technosphäre gegenüber dem westlichen Pendant durchsetzen? Sehr wahrscheinlich, denn die Coronakrise verstärkt den Rückenwind, den Chinas Konzerne von der heimischen Regierung erhalten.

Am 10. Juni etwa hat die Entwicklungs- und Reformkommission der Hauptstadt den „Pekinger Aktionsplan für die Beschleunigung des Ausbaus einer neuen Infrastruktur" erlassen. In Planung sind der Bau von 300 Kilometern vernetzter High-Tech-Straßen, die fahrerlose Autos vom Straßenrand aus leiten können.

Im Unterschied dazu hat VW in Hamburg gerade einen Flottenversuch „autonomes Fahren" gestartet, die Teststrecke befindet sich noch in der Planung, kommuniziert wird nicht über Mobilfunk, sondern mit nur 800 Metern Reichweite per WLAN (problematisch, da dessen Frequenzbänder immer stärker überlastet werden). Die deutsche Automobilindustrie, bislang weltmarktführend, droht auf diese Weise den Anschluss bei dieser wichtigen Zukunftstechnologie zu verlieren. Während in Europa und in den USA weiter über

Funkstandards und Zertifizierungen gestritten wird, schaffen die Unternehmen und Regierungsstellen in China beim Thema V2X Fakten.

Chinas Infrastruktur für autonomes Fahren

Die KP China fördert die Fortschritte chinesischer Allianzen beim Thema vernetzte Autos, indem sie das öffentliche Straßennetz mit der nötigen Infrastruktur ausstattet. So hat BAIDU jüngst den Zuschlag erhalten für den Bau einer neuen Testzone für autonomes Fahren in der westchinesischen Millionenstadt Chongqing. Der Auftrag im Wert von 7,5 Millionen US$ ist einer von einem Dutzend ähnlicher Kooperationen mit Städten und Kommunen in China.

Klare Strategie zum „Smart Vehicles"

Dank staatlicher Förderung sollen V2X-Lösungen bis zum Jahr 2025 in vielen Regionen Chinas auf den Straßen im Einsatz sein, und zwar mit dem chinesischen Standard C-V2X (Cellular Vehicle-to-everything) und oft über 5G.

Changsha, die Hauptstadt der chinesischen Provinz Hunan, ist nur eine von mehr als 20 chinesischen Städten und Regionen, in denen zur Zeit Straßentests mit fahrerlosen Autos begonnen wurden. Unter anderem flitzen auch in Peking, Shanghai, Wuhan, Guangzhou und Cangzhou bereits autonome Fahrzeuge durch den Stadtverkehr.

Auch auf den Straßen werden Fakten geschaffen. Der chinesische Internetkonzern Baidu hat Ende Mai 2020 in Peking den weltweit größten Testpark für autonome Fahrzeuge eröffnet. 200 Fahrzeuge werden auf dem 13.500 Quadratmeter großen „Apollo Park" im Südosten der chinesischen Hauptstadt nicht nur autonome Autos, sondern ausdrücklich auch „Fahrzeug-zu-Fahrzeug (V2V) und Fahrzeug-zu-allem (V2X)-Technologien getestet", hieß es anlässlich der Eröffnung des Testgeländes. Mit dieser Industriepolitik und mit Investitionen in die V2X-Infrastruktur ihrer Städte schafft Peking Fakten und avanciert zielstrebig zum globalen Marktführer beim vernetzten Fahren.

Aber auch die Startup-Szene Chinas hat einige Erfolge zu verbuchen. So hat Pony.ai nicht nur den ersten Robotertaxidienst im vergangenen Jahr bereitgestellt, sondern ist auch mit einem nichtkommerziellen Angebot im US-

Bundesstaat Kalifornien vertreten. Dies gelang den Chinesen noch vor der Google-Schwester Waymo. Eine Allianz von Renault, Nissan und Mitsubishi hat sich bei dem chinesischen Startup „WeRide" eingekauft, das zuvor JingChi hieß. Es war die erste Firma, der in Kalifornien das Testen mit Fernsteuerung erlaubt wurde. Sie hat inzwischen einen eigenen Robotertaxidienst in China gegründet.

VW verzeichnet 2019 konzernweit ein Plus von 1,3%. Vor allem im China-Geschäft gab es starke Zuwächse trotz Corona-Pandemie. Allein in China verkaufte der Konzern rund 4,2 Millionen Autos im letzten Jahr. Ich frage mich, warum der VW-Konzern nicht seine wertvollen „China-Ressourcen" besser nutzt für seine Globale Strategie zum Thema „Vernetztes Auto"? Es ist zunehmend klüger, nicht nur in die USA zu blicken, sondern mehr von der eigenen Tochter in China zu lernen:

SAIC Volkswagen ging eine neue Partnerschaft mit Chinas E-Commerce-Giganten JD.com ein. Der in China gebaute Passat und einige andere Modelle des Autoherstellers sollen noch in diesem Jahr in der Lage sein, von der Straße aus Hausgeräte wie Kühlschrank, Klimaanlage oder Deckenlampe zu steuern. Die Neuwagen werden mit dem „Smart Home Service" von JD Whale ausgerüstet, der von JD.com entwickelten IOT-Plattform. Die Besitzer können dann entweder über einen Sprachassistenten oder über das Berühren eines Touchscreens das Wasser für ihr Bad vorheizen beziehungsweise die Eiswürfel für ihren Scotch produzieren – noch während sie auf dem Nachhauseweg sind.

Auch Deutschland reagiert

Ein Gesetz, das der Bundestag am 20.05.2021 verabschiedet hat, soll den Einsatz autonomer Autos und Busse erleichtern und bundesweit ermöglichen. Fahrerlose Kraftfahr-zeuge der sogenannten Stufe vier könnten damit bereits ab dem kommenden Jahr auf bestimmten festgelegten Strecken im Regelbetrieb am öffentlichen Straßenverkehr teilnehmen.

Beim vollautomatisierten Fahren der Stufe vier kann der Computer bei bestimmten Anwendungen vollständig die Kontrolle über das Auto übernehmen, ohne von einem Menschen überwacht zu werden. In Notfällen soll das System das Fahrzeug auch am Straßenrand zum Stehen bringen. Diese Technologie könnte nach Angaben des Verkehrsministeriums etwa für Shuttleverbindungen oder bei der Güterbeförderung zum Einsatz kommen. "Mit der Annahme des Gesetzes zum autonomen Fahren hat Deutschland die Chance, die erste und bisher einzige Nation zu werden, die einen Rahmen für eine Zukunftstechnologie geschaffen hat", lobte Hildegard Müller, Präsidentin von Verband der Deutschen Automobilindustrie.

Um den neuen Rechtsrahmen zu verabschieden, müssten nun auch die Länder im Bundesrat zustimmen. Da alle Gesetzgebungspläne in einer neuen Regierung von vorne beginnen würden, forderte Müller, das Gesetz noch vor der Bundestagswahl zu beschließen Ansonsten würde das Land "mindestens eineinhalb Jahre" verlieren und seinen technologischen Fortschritt aufs Spiel setzen, warnte die VDA-Präsidentin.

絲綢之路

橫貫歐亞

Seidenstraße
Verbindung Europa und Asien

Digital Silk Road Initiative:

Chancen für europäische Firmen

Die Pandemie verstärkt die bereits angespannte Beziehung zwischen den USA und China. Beide Länder betrachten die Coronakrise zunehmend als Kampfplatz des globalen Wettbewerbs.

Die USA sehen in Chinas mangelnder Transparenz eine Gefahr für die Welt und heben gleichzeitig die Risiken einer Konzentration der globalen Lieferketten für chinesische Produkte hervor. Peking nutzt seinen Erfolg bei der Eindämmung des Coronavirus, um die Länder in Europa, Asien und Afrika mit medizinischen Produkten zu versorgen. Die mangelhafte Zusammenarbeit der US-Regierung mit anderen Ländern während der Corona-Pandemie hat Chinas Arbeit erleichtert.

„Digital Silk Road" (DSR) ist ein Schlüsselfaktor der Technologiepolitik Chinas. Sie wurde 2015 durch ein offizielles „White Paper" der chinesischen Regierung als Bestandteil der Belt & Road Initiative (BRI) eingeführt. In den letzten Jahren hat Peking Schritte unternommen, um die DSR zur obersten Priorität zu machen.

Die Staatliche Kommission für Entwicklung und Reform (NDRC), Chinas oberster Wirtschaftsplaner, veröffentlichte am 16.11.2022 einen Bericht über die Entwicklung der digitalen Wirtschaft. Darin werden eine klare Vision und Leitlinien für die Zukunft gegeben.

Um die Ziele zu erreichen, sollten Anstrengungen unternommen werden, um Durchbrüche in wichtigen Kerntechnologien zu fördern und gleichzeitig die Autonomie bei der Entwicklung der digitalen Wirtschaft zu unterstützen, so der Bericht. Mit Blick auf die wegweisenden Bereiche der globalen digitalen Technologie und die wichtigsten Fragen der Schlüsseltechnologien werde China seine Kräfte bündeln, um Spitzenforschung zu betreiben, vor allem in den Bereichen wie z.B. Software, künstlicher Intelligenz, Big Data und Cloud Computing. Zu diesem Zweck werde China den Aufbau seiner digitalen

Infrastruktur vorantreiben und ein Industriesystem mit internationaler Wettbewerbsfähigkeit schaffen.

Der Umfang der Schlüsselindustrien der digitalen Wirtschaft hat sich in den letzten zehn Jahren beschleunigt, was sich zum Teil in den nationalen Einnahmen aus dem Softwaregeschäft widerspiegelt, die von 2,5 Billionen Yuan im Jahr 2012 auf 9,6 Billionen Yuan im Jahr 2021 angestiegen sind - mit einer durchschnittlichen jährlichen Wachstumsrate von 16,1 Prozent.

Während China seine digitale Transformation verstärkt, wurde gleichzeitig auch die internationale Zusammenarbeit in der digitalen Wirtschaft ausgebaut. Bislang hat China mit 16 Ländern Absichtserklärungen (Memorandum of Understanding) zur digitalen Seidenstraße (Digital Silk Road) unterzeichnet und mit 24 Ländern den Mechanismus für die bilaterale Zusammenarbeit im Bereich des „E-Commerce auf der Seidenstraße" eingerichtet, um die Marktchancen mit dem Rest der Welt zu teilen.

Darüber hinaus möchte China, dass chinesische Unternehmen am Aufbau globaler Finanz-, Informations- und Telekommunikationsnetze teilnehmen. Das Ziel ist auch, mehr an Gremien zur Festlegung internationaler Technologiestandards mitzuwirken.

Während viele westliche Beobachter die Spionage- und Überwachungsrisiken der chinesischen Digitalen Seidenstraße hervorheben, betont die chinesische Regierung die Bedürfnisse der digitalen Konnektivität im globalen Süden, von Online-Bildung in Sambia bis hin zu digitaler Gesundheit in Saudi-Arabien. Es wurde z.B. ein AI-fähiges COVID-19-Diagnosesystem vorgestellt, das von chinesischen Unternehmen entwickelt wurde und von Krankenhäusern in Ecuador verwendet wird.

Viele Smart-City-Projekte mit chinesischen Überwachungssystemen haben Unbehagen in westlichen Ländern ausgelöst. So haben die USA im Oktober 2019 die chinesischen KI- und Gesichtserkennungsfirmen Dahua, Hikvision und SenseTime in die schwarze Liste des Handelsministeriums aufgenommen und diesen Firmen Exportbeschränkungen auferlegt.

In vielen Entwicklungsländern werden Sicherheits- oder Datenschutzprobleme jedoch als weniger wichtig angesehen als die Notwendigkeit digitale Telekommunikationsinfrastruktur aufzubauen. Viele Länder entlang der Seidenstraße sehen chinesische Technologieinvestitionen als Schlüssel für ihre Pläne zur wirtschaftlichen Modernisierung an. So hat Huawei in den letzten zehn Jahren in einigen BRI-Ländern eine mobile Infrastruktur aufgebaut.

Die europäische Debatte über Chinas Digital Silk Road hat sich eng auf die Rolle von Huawei im 5G-Netzenausbau und Verkauf chinesischer Überwachungsgeräte konzentriert. Es wurde oft ignoriert, dass die Entwicklungsländer seit Ende der neunziger Jahre im Mittelpunkt der global expandierenden chinesischen Tech-Firmen stehen, lang bevor die chinesische Regierung DSR ankündigte.

Chinesische Unternehmen, die von chinesischen Technologiegiganten wie Huawei und ZTE übernommen werden, sind heute weltweit führend beim Aufbau digitaler Infrastrukturen. Dies umfasst Telekommunikationsnetze

(5G) und Unterseekabel, Smart Cities, Satelli-
tensysteme und Cloud Computing.

In Bezug auf den globalen Marktanteil von 5G-
Telekommunikationsgeräten war Huawei ab
2018 mit 28 Prozent weltweit führend, während Nokia und Ericsson in Europa bei 16 bzw.
14 Prozent stehen. Chinesische Unternehmen
sind auch führend bei der Anzahl der 5G-Pa-
tente, bei denen allein Huawei 3.325 angemel-
dete Patente hat, verglichen mit 2.038 für Nokia und 1.423 für Ericsson. Unabhängig davon
dominieren in Südostasien chinesische Unternehmen den Smartphone-Markt. Laut Clin-
gendael Report vom Juli 2020 verfügten sie
2019 über einen Marktanteil von 60 Prozent in
den zehn Ländern, die dem Verband südost-
asiatischer Staaten (ASEAN) angehören.

Huawei und ZTE sind eng an der Entwicklung
von 5G-Technologie-Netzwerken in Drittländern beteiligt. Trotz des Drucks der USA hat
Huawei im Jahr 2020 einen Vertrag über 175
Millionen US$ für Smart Cities und Rechen-
zentren mit Kenia und einen Vertrag über
Cloud-Rechenzentren   mit   Pakistan

unterzeichnet. Thailand hat im Februar das erste 5G-Testfeld von Huawei in Südostasien realisiert.

Smart Cities sind ein wesentlicher Bestandteil der chinesischen DSR. In dieser neuen Art der Urbanisierung erleichtern digitale Technologien wie KI, 5G-Telekommunikationsnetze und das Internet der Dinge die Weiterentwicklung der durch die digitale Revolution ermöglichten Branchen. Chinesische Unternehmen sind in vielen Teilen der Welt führend bei der Entwicklung intelligenter Städte. Sie sind aktiv in Zentralasien und Russland, in Afrika, im Nahen Osten und sogar in der EU. Die chinesische Regierung und private Unternehmen agieren synchron, da die nationalen und lokalen Regierungen Unternehmen mit Steuersubventionen, Vorzugskrediten, Zuschüssen und günstigen Inputpreisen dabei unterstützen, ihre globale Präsenz auszubauen.

Chinesische Unternehmen arbeiten auf vielen Ebenen der Schnittstelle zwischen Cloud-Diensten und wichtigen Anwendungen wie Smart Cities. Die meisten konzentrieren sich auf Lösungen für die öffentliche Sicherheit, die KI und Überwachungstechnologie beinhalten.

Huawei unterzeichnete im April einen Vertrag über 172,5 Millionen US$ zur Unterstützung des Konza Data Center- und Smart Cities-Projekts, eines geplanten Technologiezentrums südlich von Nairobi, Kenia.

Chinas Internetgiganten expandieren

Chinesische Technologieriesen haben erhebliche Investitionen in Südostasien getätigt. Tencent und JD.com führten zusammen mit Google Anfang 2019 eine neue Investitionsrunde in Höhe von einer Milliarde US$ in Indonesiens Go-Jek-Hagelkampffirma durch. Alibaba priorisiert auch bei seiner globalen Expansion sein Zahlungssystem Alipay, welches sich an chinesische Touristen richtet, die ins Ausland reisen, mit Schwerpunkt auf Europa, Asien und Australien.

Im Gegensatz zu den staatlichen Konglomeraten, die BRI-Infrastrukturprojekte leiten, handelt es sich bei den DSR-Teilnehmern in der Regel um neue Technologieunternehmen in

Privatbesitz, die wenig Erfahrung außerhalb des chinesischen Marktes haben. Daher versuchen chinesische Tech-Firmen zunehmend, mit multinationalen Unternehmen zusammenzuarbeiten, um von ihrer internationalen Reputation und ihrer Erfahrung im Risikomanagement zu profitieren.

Chancen für europäische Firmen

Laut einer Studie der Eurasia Group vom April 2020 wird DSR für China weiter an Bedeutung gewinnen, da die Spannungen mit den USA eskalieren werden. Chinesische Unternehmen, denen der Zugang zu den USA und den verwandten Märkten verweigert wird, werden anderswo expandieren.

Partnerschaften mit europäischen Unternehmen zur Verwirklichung unterschiedlicher Ziele der DSR werden in China begrüßt, auch innerhalb der Provinz-Regierungen auf Stadtebene im In- oder Ausland. Für DSR-bezogene Projekte können chinesische Städte politische Unterstützung oder Subventionen von Peking erhalten.

Einige chinesische Technologieunternehmen, die auf dem heimischen Markt führend sind, haben immer noch Schwierigkeiten, international zu konkurrieren und mit neuen politischen und operationellen Risiken in verschiedenen überseeischen Märkten umzugehen. Die chinesische Regierung hat in den letzten Jahren zunehmend auf eine „Zusammenarbeit mit Drittländern" mit Unternehmen aus fortgeschrittenen Volkswirtschaften wie der EU bei BRI-Projekten gedrängt, um die Expansion chinesischer Unternehmen in Übersee zu erleichtern. In einer verstärkten DSR-Initiative werden europäische Technologiefirmen die Möglichkeit haben, mit chinesischen Tech-Giganten zusammenzuarbeiten, um vor allem in den Entwicklungsländern entlang der Seidenstraße tätig zu werden.

So baut AliCloud nicht immer eigene Einrichtungen. Der Konzern zieht es oft vor, in Partnerschaften mit lokalen Rechenzentrumsbetreibern zusammenzuarbeiten. Dadurch konnte das Unternehmen expandieren und Probleme bei der Datenlokalisierung vermeiden. So startete Alibaba eine Partnerschaft mit

BT Cloud in Großbritannien, um seine Cloud-Dienste anzubieten. Ziel dieses Deals ist, Alibaba zu ermöglichen, mit Amazon in Großbritannien zu konkurrieren.

Alibaba verfügt über mehr als 22 Rechenzentren außerhalb Chinas und hat 2019 zwei neue in Großbritannien und zwei weitere Rechenzentren in Indonesien und Japan eröffnet.

生態環保

綠色科技

Ökologie u. Umweltschutz
Grüne Technologie

Staatliche Steuerung und finanzielle Förderung klimafreundlicher Technologien prägen die chinesische Klima- und Umweltpolitik. Gestützt auf bisherige Erfolge, in der E-Mobilität oder Wind- und Solarenergie, will sich China an die globale Spitze bei grünen Technologien und nachhaltigen Lösungen setzen. Um seine Wirtschaft nachhaltiger zu gestalten, hat China einen Umbau der Fertigungsindustrie begonnen. Chinas Grüne Transformation ist ein langfristiges Unterfangen, sie sollte nicht nur Chinas Wirtschaftsstärke sichern, sondern auch das lange Überleben der KP China.

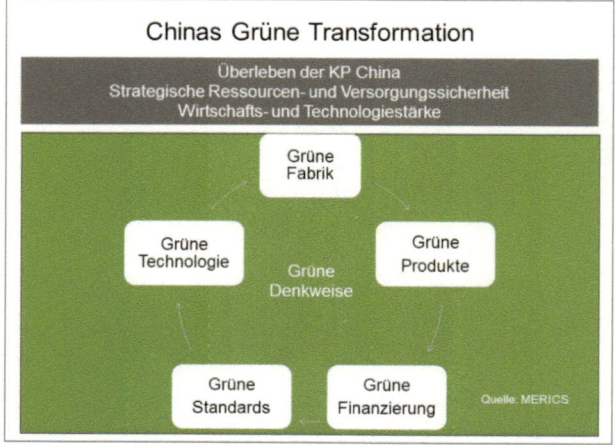

Abbildung 5: Chinas Grüne Transformation

E-Mobilität China 2025:
Der Siegeszug deutscher Premiummarken

Die Automobilindustrie befindet sich im Umbruch, die digitale Revolution stellt die althergebrachten Geschäftsstrategien auf den Kopf. Herkömmliche Geschäftsmodelle unterliegen aufgrund neuer digitaler Technologien und disruptiven Änderungen einem radikalen Wandel. Laut dem „Global Automotive Executive Survey" sind Elektromobilität und Digitalisierung die wichtigsten Trends im Verkehrswesen. Sie gehören zusammen und sollten in einem Kontext betrachtet werden.

Der weltweite Absatz von Elektro- und Hybrid-Fahrzeugen wird in den kommenden zehn Jahren deutlich ansteigen. Wichtigster Treiber sind dabei die Regulierungsmaßnahmen in der EU-27 und in China, die eine nachdrückliche Senkung der CO_2-Emissionen vorsehen.

Insbesondere China hat sich in den letzten Jahren zu einem der wichtigsten Märkte für Elektromobilität entwickelt. Im Jahr 2019 wurden im Reich der Mitte rund 1,2 Millionen Elektromobile abgesetzt. Der Absatz von Elektroautos hat sich in China im Zeitraum der Jahre 2015 bis 2018 annähernd vervierfacht. Die meisten Elektro- und Hybrid-Fahrzeuge wurden auf dem europäischen Kontinent in Norwegen verkauft.

Elektromobilität gilt bei den politischen Entscheidungsträgern Chinas als Möglichkeit, an der internationalen Konkurrenz vorbeizuziehen und zugleich die Abhängigkeit des Landes von Ölimporten zu reduzieren. Deshalb hat die Regierung umfangreiche Maßnahmen zur Steigerung des Absatzes von batterieelektrischen Fahrzeugen und Plug-In-Hybriden, die sogenannten New Energy Vehicles (NEV) eingeführt. Neben Kaufsubventionen für Endkunden müssen OEM Absatzziele für NEV in Form von Credits erreichen. Diese setzen die Bewertung des durchschnittlichen Kraftstoffverbrauchs von Unternehmen in Beziehung zu Guthabenpunkten für NEV.

Aber seit 2019 zeigt der gesamte E-Automarkt in China laut Bloomberg eine signifikante Schwäche. Laut „China Market Insider" kämpfen viele chinesische Elektroautobauer gerade um ihre Existenz. Das könnte für einige der rund 50 E-Auto-Startups endgültig das Aus bedeuten. Warum?

Chinas Regierung hat Subventionen, die eigentlich in diesem Jahr auslaufen sollten, wegen der Coronakrise um zwei Jahre verlängert. Doch sie hält an ihrer schrittweisen Reduzierung der Subventionen fest und fördert nur noch Elektroautos unterhalb des Verkaufspreises von 300.000 RMB (ca. 38.000 Euro).

„Die Schwierigkeiten der E-Auto-Startups wie sinkende Verkaufszahlen, eine harte Umgebung für Fundraising und die Reduzierung der Subventionen haben alle schon im vergangenen Jahr begonnen", sagte Brian Gu, Präsident des chinesischen E-Auto-Herstellers Xpeng Motors in einem Interview. Auch das erfolgreiche E-Auto-Startup NIO habe in 2019 einen Nettoverlust von knapp anderthalb Milliarden Euro. Viele chinesische E-Auto-Startups wie z.B. Sigulato Motors scheinen nicht aus der „Powerpoint-Phase" herauszukommen, berichten chinesische Medien. Experten erwarten in diesem Jahr eine beschleunigte Marktbereinigung in China. Dies hat bereits gewisse Auswirkungen auf die aktuellen Absatzzahlen.

Laut Elektro-News wurden insgesamt 499.532 Elektrofahrzeuge in den ersten sieben Monaten in Europa zugelassen, in China dagegen nur 486.000 Elektroautos.

Anfang des Jahres 2020 waren in Deutschland rund 136.000 reine Elektroautos zugelassen. Nur 10 Monate später, am 31.12.2020 betrug die Zahl der in Deutschland zugelassenen Elektro-Autos schon 291.000. Vordergründig basiert diese rasante Entwicklung auf dem umfangreichen Förderangebot von Bund, Ländern und Industrie. Immerhin fördert Deutschland mit dem Umweltbonus, dem Corona-Konjunkturpaket und dem reduzierten Mehrwertsteuersatz den Absatz von E-Autos so stark wie kaum ein anderes EU-Land.

Aufgrund aktueller EU-Gesetzgebung im Hinblick auf CO_2-Beschränkungen sind die europäischen Automobilhersteller gezwungen, ihre Produktion massiv in Rechnung E-Mobilität zu transformieren, um die Zahlungsverpflichtungen in Milliardenhöhe zu vermeiden. Kein Wunder, dass die Entwicklung der Elektrofahrzeuge in der Automobilindustrie mit Macht vorangetrieben wird. Auch die Autobauer in China müssen eine Mindestquote von zehn Prozent für den Verkauf von Elektro- und Hybrid-Autos erreichen, andernfalls werden sie durch ein Emissions-Kredit-System teuer bestraft.

2020 ist das Schlüsseljahr für die Elektromobilität in China und Europa – vor allem für die deutschen Automobilhersteller. Dabei ist China der mit Abstand wichtigste Absatzmarkt für Volkswagen, BMW und Mercedes-Benz. Bislang haben sie nur einen geringen Anteil an dem großen chinesischen Markt für Elektromobilität. Das soll sich ändern. Deutsche Automobilhersteller nehmen jetzt den Kampf um den E-Automarkt in China auf:

Allein der Volkswagen-Konzern will in den nächsten fünf Jahren 35 Milliarden Euro in neue E-Autos und in die Umrüstung von Werken investieren. In diesem Jahr starten die Werke von SAIC Volkswagen in Anting und von FAW-Volkswagen in Foshan die Fertigung von Fahrzeugen auf der Basis von „Modularen E-Antriebs-Baukästen" (MEB) mit einer Produktionskapazität von jährlich rund 600.000 reinen E-Autos „Made in China". Die lokale MEB-Produktion soll dann bis 2025 auf 15 verschiedene MEB-Modelle unterschiedlicher Marken ausgeweitet werden. Dieses Jahr führt die Marke Volkswagen die vollelektrische ID-Familie in China ein. Audi bringt den e-tron ins Reich der Mitte und Porsche kommt mit dem Taycan nach China.

Auch Daimler rückt für seine Elektroauto-Offensive enger mit dem chinesischen Lieferanten CATL zusammen. Die Zusammenarbeit umfasst die gesamte Bandbreite des elektrischen Antriebs von der Zelle über Module bis hin zu kompletten Systemen. Bis 2022 will Mercedes-Benz mehr als 20 Modelle mit elektrischen Antrieben auf den Markt bringen. Der Premiumautobauer hat sich vorgenommen, den Absatzanteil elektrifizierter Pkw von rund zwei Prozent im vergangenen Jahr auf 15% im kommenden Jahr zu steigern.

Mit fünf elektrifizierten Fahrzeugen bietet die BMW Group in China aktuell das größte Kundenangebot im Premiumsegment an. Aktuell sind bereits 75.000 elektrifizierte BMW- Modelle auf Chinas Straßen unterwegs. „Die

Erweiterung unseres Zentrums für Hochvolt-batterien ist ein konkreter Beweis für unser Engagement, weiterhin in Shenyang, Liaoning und im Nordosten Chinas zu investieren. Das neue Batteriezentrum demonstriert unsere Entschlossenheit, eine führende Rolle in der nachhaltigen Mobilität zu übernehmen, indem wir unseren rein elektrischen BMW iX3 auf den Markt bringen", sagt Dr. Johann Wieland, Präsident von BMW Brilliance Automotive in Shenyang. Auch in Deutschland sollen bis zu 500.000 Autos pro Jahr von Dingolfing aus mit E-Motoren, Batteriemodulen und Leistungselektronik beliefert werden, 500 Millionen Euro gehen in diese Komponentenfertigung. Neben Hybridantrieben, die Verbrenner und Stromantriebe kombinieren, will BMW zunehmend reine Elektroautos bauen.

BMW hat 2013 mit dem i3 als erster deutscher Hersteller ein Stromauto in Serie gebracht. Trotzdem sind die Münchener dann schnell in die Defensive geraten. So konnte der Newcomer Tesla mit dem Model 3 das Geschäft mit Elektroautos dominieren. Mit Blick auf die Autoindustrie und ihre Transformation zur

Elektromobilität rief der bayerische Ministerpräsident Söder aus: „Wir brauchen da aber keine amerikanischen Hersteller, das machen wir selbst. Was Elon Musk in der Raumfahrt macht, ist wirklich allererste Klasse. Aber wenn es um den Autobau geht, dann sei Deutschland noch „ein bisschen vorne".

Begriffe wie Qualität, Sicherheit, Verlässlichkeit, Langlebigkeit, Detailorientiertheit werden in China mit dem Label „Made in Germany" assoziiert. Nun können die Chinesen neben Tesla auch VW, BMW, Porsche und Mercedes elektrisch fahren. Deutsche Premiummarken sind wieder im Trend, insbesondere, wenn sie verstanden haben, ihre China-Ressourcen im Hinblick auf digitale Technologien zu nutzen.

中國標准

引領創新

China Standards
innovativ führend

Der Plan "China Standards 2035" wird einen Entwurf für Chinas Regierung und führende Technologieunternehmen enthalten, um globale Standards für aufkommende Technologien wie z.B. das 5G-Internet, das Internet der Dinge (IoT) und die künstliche Intelligenz, zu setzen. Er wird mit Chinas anderen industriepolitischen Maßnahmen wie z.B. "Made in China 2025" – im Einklang stehen, da die KP China bestrebt ist, im Bereich der High-Tech-Innovationen weltweit führend zu werden.

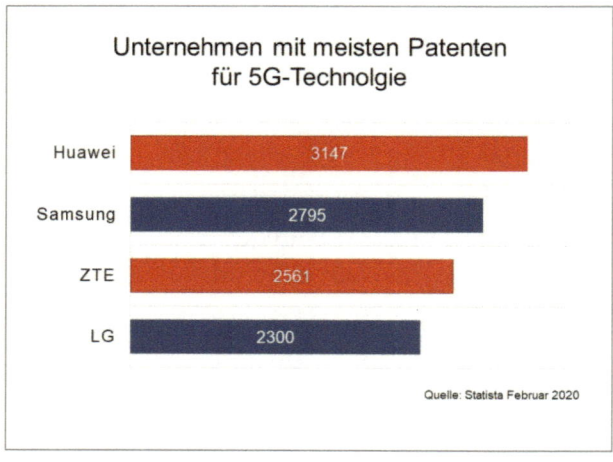

Abbildung 6: Unternehmen mit 5G-Patenten

China Standards 2035 - Globale Standards für die Zukunft.

Im digitalen Zeitalter bewegen wir uns auf eine Welt zu, in der alles miteinander verbunden sein wird. Im „Internet der Dinge" bekommen Gegenstände eine eindeutige Identität und können miteinander kommunizieren. Mit dem „Internet der Dinge" lassen sich Anwendungen automatisieren und Aufgaben ohne Eingriff von außen erledigen.

Bei allen diesen Zukunftstechnologien gehe es darum, Daten zu sammeln und auszuwerten. Derjenige, der die Standards für diese Datensammlung setzt, der habe nicht nur einen ökonomischen Vorteil, sondern sitze auch an den Schalthebeln, um den globalen Informationsfluss zu kontrollieren. Alles wird mit bestimmten Standardtechnologien miteinander verbunden sein. Derjenige, der diese entwickelt, kontrolliert die Schnittstellen.

China plant, globale Standards für aufkommende Technologien wie das Internet der Dinge, die 5G-Technologie und die künstliche Intelligenz zu setzen. Dieser Plan wird mit

Chinas Industriepolitik „Made in China 2025" im Einklang stehen, da die chinesischen Tech-Giganten und die Regierungschefs Chinas bestrebt sind, im Bereich der High-Tech-Innovationen weltweit führend zu werden. Dieser Plan heißt „China Standards 2035" und er ist das Ziel eines Forschungsprojekts, das Anfang 2018 unter der Leitung der General Administration of Quality Supervision, Inspection and Quarantine (AQSIQ) begann und von der Chinesischen Akademie für Ingenieurwissenschaften durchgeführt wird.

Der vollständige Bericht wurde zwar noch nicht der Öffentlichkeit bekannt gemacht, aber es ist klar, dass darin konkrete Pläne für China zur Umgestaltung der globalen Technologieindustrie vorgeschlagen werden. Aufgrund seiner Bedeutung für Chinas oberste Führung sollten sich deutsche Unternehmen mit den „China-Standards 2035" vertraut machen, vor allem wenn sie direkt in der Technologiebranche tätig sind.

Dass elektrische Geräte sich auch an Steckdosen im Ausland aufladen lassen und dass Websites virtuelle Plätze im „World Wide

Web" sind – all dies funktioniert nur, weil es Industriestandards gibt. Solche Standards kommen normalerweise zustande, indem sich ein Produkt international durchsetzt und dann in seiner Form von der Konkurrenz kopiert wird. Das war etwa bei dem Dieselmotor von Rudolf Diesel im Jahr 1897, dem Walkman von Sony 1979 und dem iPhone von Apple im Jahr 2007 der Fall.

In anderen Fällen setzt sich ein Standard durch, nachdem sich internationale Institutionen darauf geeinigt haben. Die Netztechnologie 5G ist ein gutes Beispiel hierfür. Dank dieser Technologie werden Smartphones bald überall auf der Welt mit bis zu 10 Gigabyte pro Sekunde Daten empfangen können.

Standards werden sich auch auf diese oder andere Weise für viele Technologien der Zukunft etablieren; egal ob für virtuelle Realität, künstliche Intelligenz, Cloud-Computing, Blockchain oder das Internet der Dinge. Denn hierfür gibt es fast noch keine Standards. Noch ist unklar, wer diese zukünftigen Industriestandards setzen wird.

Die Volksrepublik China spielt dabei eine immer wichtigere Rolle. Der chinesische Hersteller Huawei ist die Firma mit den meisten Patenten auf 5G-Technologien und ist in verschiedenen Ländern weltweit federführend am Aufbau der neuen Netzinfrastruktur beteiligt. Huawei ist auch offiziell an der „3rd Generation Partnership Project (3GPP)" – einer weltweiten Kooperation von Standardisierungsgremien für den Mobilfunk beteiligt, obwohl der Konzern immer wieder wegen Verstrickungen mit dem Überwachungsapparat der KP Chinas kritisiert wird.

Auch die chinesische Regierung hat diesbezüglich ehrgeizige Ambitionen. In der Roadmap „China Standards 2035" heißt es, dass China bis 2035 „neue Industriestandards für Informations- und Biotechnologiesysteme setzen wolle", wie der US-Nachrichtensender CNBC berichtet. China will also das Vakuum nutzen und die Entwicklung der Zukunftstechnologien entscheidend mitprägen.

Der Plan „China Standards 2035" schließt damit direkt an die Industriestrategie „Made in China 2025" an. Er wurde von der chinesischen Führung mit dem Ziel ausgegeben, die heimische Wirtschaft innovativer, konkurrenzfähiger und technologiegetriebener umzubauen. Dadurch soll die produzierende Industrie des Landes an die Spitze der internationalen Wertschöpfungskette geführt werden, anstatt - wie bisher oft der Fall - nur Teile für westliche Firmen zu produzieren.

Damit steht der Plan „China Standards 2035" in einer langen Linie von Fünfjahresplänen und langfristiger wirtschaftlicher Planung. Die Adressaten dieser Absichtserklärung sind in erster Linie die chinesischen Unternehmen. Ob dies wiederum ein Teil eines strategischen Plans ist, der China zu einer Weltmachtstellung verhelfen soll, ist fraglich. In erster Linie versucht China damit, inländische Standards einzuführen. Eine der großen Schwächen der chinesischen Wirtschaft ist die Tatsache, dass es kaum landesweit gültige Standards gibt.

Im Tech-Krieg zwischen den USA und China gilt das folgende Fazit: Drittklassige Firmen produzieren Produkte, zweitklassige Unternehmen entwickeln Technologie und erstklassige Konzerne setzen Standards! Beim globalen

Wettbewerb zwischen den USA und China geht es im Wesentlichen darum, wer die globale Infrastruktur und die Standards der Informationstechnologie kontrollieren wird. Hinter den Standards stehen Interesse, Macht und der Kampf um die Dominanz internationaler Regeln.

China und die USA verfolgen zunehmend einen Tech-Nationalismus. Die Technologiewelt glokalisiert sich immer stärker. China und die USA entflechten ihre Technologiesektoren, schotten sie zunehmend vom jeweils anderen ab. Die USA verbannen Huawei und andere chinesische Zulieferer aus den Mobilfunknetzen der neuesten Generation und suchen weltweit Verbündete, um chinesische Zulieferer auch aus anderen Netzen auszuschließen. China setzt derweil schon seit Langem auf heimische Tech-Unternehmen. Das chinesische Internet ist weitgehend unabhängig vom Rest der Welt. Über 900 Millionen Internetnutzer Chinas brauchen gar nicht die Dienste der großen US-Anbieter Google oder Facebook, da sie eigene Anbieter wie Baidu oder WeChat haben. Die USA bewegen sich in eine Welt, in der chinesische Technologie aus den Lieferketten getilgt werden soll, während China nationale Champions fördert, um eigene digitale Ökosysteme aus heimischer Technologie zu entwickeln.

Internationale Tech-Szene will China

China ist längst dabei, solche nationalen Standards zu setzten, auch für Zukunftstechnologien wie Blockchain: Ein Komitee, dem neben der kommunistischen Partei die Tech-Riesen Huawei, Tencent, Baidu und Ant Financial angehören, ist laut CNBC seit 2020 dabei, die „Gelegenheit zu nutzen", um „nationale Standards für diese Technologie zu setzen".

Eine Partizipation der Chinesen an der Entwicklung der internationalen Industriestandards im Hightech-Bereich sei aber durchaus zu begrüßen. Wenn sich nationale chinesische Standards international durchsetzen, dann sei dies Teil eines gesunden Wettbewerbs zwischen internationalen Firmen: „Die internationale Tech-Szene will, dass China mit am Tisch sitzt. Das letzte, was wir wollen, ist, dass sie zu Hause bleiben und eigene Standards schaffen, die ausschließlich in China gelten", erklärt

Naomi Wilson, Direktorin für Asienpolitik des amerikanische „Information Technology Industry Council".

Das Einführen solcher Standards sei sicherlich rentabel. Sobald eine kritische Masse den Standard nutzt, können diejenigen, die den Standard setzen, ihre Produkte häufig so skalieren, dass eine Winner-takes-it-all-Situation entsteht. Wer also Industriestandards setzt, wird häufig auch zum Weltmarktführer.

Die Interessen der Chinesen oder Amerikaner beschränken sich nicht nur auf wirtschaftliche. Es geht hier darum, „die künftigen Spiegelregeln der Welt festzulegen". Denn „wir bewegen uns auf eine Welt zu, in der alles miteinander verbunden sein wird.

Die Wertschöpfungsketten deutscher Konzerne sind global und benötigen Inputs sowohl aus den USA als auch aus China. In einer Welt, in der diese beiden großen Märkte aber die Technologie des jeweils anderen aussperren, bekommen deutsche Unternehmen, die mit beiden Seiten Geschäfte machen, ernsthafte Schwierigkeiten.

Welche Möglichkeiten bleiben deutsche Unternehmen in dieser Welt zunehmender Tech-Isolation zwischen den USA und China, wenn sie weiterhin mit beiden Märkten im Geschäft bleiben wollen? Es ist allerhöchster Zeit, dass wir anfangen darüber nachzudenken. „Die kommenden fünf Jahren werden disruptiver sein als die letzten fünfzehn Jahren. Dies ist NICHT das übliche Geschäft, das wir kennen. Viele Technologien, die vor drei Jahren eingeführt wurden, funktionieren heute nicht mehr." rief Saul Bermann, der Chefstratege von IBM, uns zu.

中國互聯網巨頭

Chinas Internet-Giganten

Wenn Menschen in Amerika und Europa online gehen, nutzen sie meist die gleichen Dienste und Plattformen. US-Unternehmen wie Google, Facebook und Amazon sind in ihren jeweiligen Bereichen so dominant, dass die meisten Menschen sie als Weltmarktführer betrachten. Es gibt jedoch einen großen Markt, in dem das Internet ganz anders aussieht und kaum jemand die in der westlichen Welt allgegenwärtigen Dienste nutzt, und das ist China. Insbesondere begünstigt durch die Zensurpraktiken der chinesischen Regierung existiert hinter dem sogenannten „Great Firewall", ein paralleles Online-Universum.

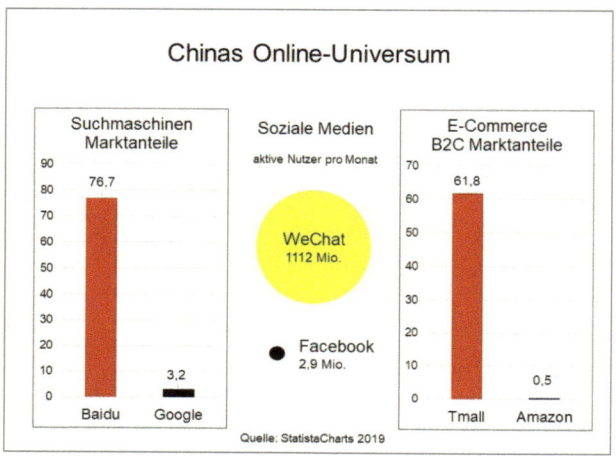

Abbildung 7: Chinas Online-Universum

Chinesische Internetgiganten:
Baidu, Alibaba, Tencent

Im digitalen Zeitalter beherrschen Technologie-Konzerne, die sogenannten Internetgiganten wie Google, Apple, Facebook und Amazon, die globale Digital-Ökonomie und drängen in immer mehr Branchen und Lebensbereiche. Wir alle nutzen ihre Apps und Online-Plattformen täglich. Wir lassen Google, Apple, Facebook und Amazon (GAFA) bewusst oder unbewusst an unserem Leben und Business teilhaben und „bezahlen" dies mit unseren persönlichen Daten und digitalen „Footprints". Durch ihren gigantischen Börsenwert von rund 5,3 Billionen Dollar haben diese Internetgiganten enorme Ressourcen. Sie beschäftigen die besten Experten, haben die größten Forschungsbudgets und die größte Reichweite. Gleichzeitig besitzen sie unfassbar viele Daten und besitzen die neusten KI-Technologien, um daraus relevante Rückschlüsse und Erkenntnisse ziehen zu können. Sie wissen, wer wir sind, was wir tun, mit wem wir kommunizieren, was wir mögen und was wir kaufen. Allein in den letzten fünf Jahren verzeichneten die fünf bekanntesten US-amerikanischen Technologieunternehmen einen Anstieg der kollektiven Marktkapitalisierung um mehr als 2,7 Billionen US$.

Im Prozess der Digitalen Transformation geht es nicht nur um Technologien wie KI, Big Data und Cloud Computing, sondern auch um globale Strategien. Die digitale Transformation erfordert eine ganzheitliche Sicht auf die Unternehmensstrategie, welche die Bereiche Kunden, Wettbewerb, Daten, Innovation und Wertschöpfung umfasst. Für die Global Player reicht es nicht mehr aus, die Strategie der westlichen Internetgiganten innerhalb der auf Amerika zentrierten Technosphäre zu betrachten. Der Blick muss um die schnell wachsende chinazentrierte Technosphäre erweitert werden. Warum?

China ist seit 2013 der größte Online-Einzelhandelsmarkt der Welt. Im Jahr 2020 hat der Chinas Online-Einzelhandelsumsatz 11,76 Billionen RMB (1,51 Billionen EUR) erreicht, ein Wachstum von 10,9 Prozent im Vergleich zum Vorjahr. Dies betont der 47. Bericht über den Entwicklungszustand des Internets in China, der am 03.02.2021 vom China Internet

Network Information Center veröffentlicht wurde. Die Zahl der Internetnutzer in China hat im Dezember letzten Jahres 989 Millionen erreicht. Die Internetdurchdringungsrate läge damit bei 70,4 Prozent.

Die Internetgiganten Chinas wie Baidu, Alibaba, Tencent (BAT) haben längst begonnen, die Vormachtstellung der amerikanischen Pendants in Frage zu stellen. Aber im Unterschied zu Google, Amazon oder Facebook sind sie den meisten Europäern in der täglichen Nutzung kaum bekannt, obwohl alle drei Unternehmen deutlich höhere Wachstumsraten als ihre bekannten amerikanischen Pendants aufweisen. Warum ist es für die international agierenden Unternehmen wichtig, diese Wissenslücke hinsichtlich chinesische Internetgiganten zu füllen? Wer genau sind BAT?

B steht für **Baidu**

ist Marktführer in China mit einem Marktanteil von 74 Prozent im Bereich Suchmaschinen. Über 650 Millionen Chinesen nutzen regelmäßig die Suchmaschine Baidu.

Baidu ist ein chinesisches Unternehmen mit Sitz in Beijing, das die gleichnamige Suchmaschine betreibt. Es wurde 2000 von Robin Li und Eric Xu gegründet. Die Rechtsform ist eine Aktiengesellschaft. Baidu ging am 5. August 2005 an die Börse "NASDAQ Global Market" und ist seit März 2021 auch an der Börse von Hong Kong Limited (SEHK) notiert. Ende 2019 hat Baidu 37.779 Mitarbeiter weltweit und der Jahresumsatz betrug 15,42 Mrd. CNY (1,98 Mrd. EUR). In USA und Europa dominiert die Suchmaschine Google, aber in China ist Baidu der Marktführer mit einem Marktanteil von 73,4 Prozent. Google hatte sich 2010 aus China zurückgezogen, seitdem hat das US-Unternehmen keinen richtigen Zugang zu einem der größten Online-Märkte der Welt.

Die Mission von Baidu besteht darin, die komplizierte Welt durch Technologie zu vereinfachen. Bereits im Jahr 2010 hat Baidu künstliche Intelligenz (KI) eingesetzt, um die Recherche von Daten und Informationen im Internet zu vereinfachen. Es wurde KI-Engine "Baidu Brain" eingesetzt, um neue KI-Geschäfte zu entwickeln. Baidu hat einen umfassenden KI-Stack, der eine Infrastruktur umfasst, die aus

KI-Chips, einem Deep-Learning-Framework, zentralen KI-Funktionen wie Verarbeitung natürlicher Sprache, Wissensdiagramm, Spracherkennung und erweiterte Realität (AR) sowie eine offene KI-Plattform, um eine breite Nutzung zu ermöglichen. Diese KI-Kompetenz wurde in die Produkte und Dienstleitungen sowie innovative Anwendungen integriert.

A steht für **Alibaba**

Das ist der größte E-Commerce-Anbieter Chinas. Die Gruppe umfasst Alibaba.com, eine Handelsplattform für den B2B-Bereich, Taobao, ein Auktionshaus nach dem Vorbild von EBay sowie Alipay, ein mit PayPal vergleichbares Online-Bezahlsystem. Insgesamt erwirtschaftete das Unternehmen im Geschäftsjahr 2020 einen Umsatz von 72 Milliarden Dollar.
Die Alibaba Group Holding Limited ist ein Unternehmen mit Sitz in Hangzhou, China. Es wurde von dem ehemaligen Englischlehrer Jack Ma im Jahr 1999 gegründet und betreibt u.a. die gleichnamige B2B-Plattform Alibaba.com sowie das Online-Auktionshaus Taobao. Seit dem 19.09.2014 ist die Alibaba-Aktie an der New York Stock Exchange notiert.

Beim Börsengang wurden Aktien für 21,8 Mrd. USD verkauft, damit war dieser Börsengang einer der größten der Welt. Seit dem 26.11.2019 wird die Aktie von Alibaba auch in Hongkong gehandelt. Durch den Gang an die dortige Börse verfügt das Unternehmen mittlerweile über einen Bargeldbestand von etwa 43 Milliarden Dollar. Alibaba hat weltweit 117.600 Mitarbeiter und der Gesamtumsatz im Jahr 2020 betrug 72 Milliarden US$.

Die Mission von Alibaba lautet: "To make it easy to do business anywhere (auf einfache Weise Geschäfte überall machen)." Es geht darum, die Geschäftslandschaft für alle zu ebnen und zu öffnen. Dieses Leitbild zeigt, wie entschlossen das Unternehmen ist, die Art und Weise, wie Unternehmen auf der ganzen Welt geführt werden, neu zu definieren. Diese Mission verweist auf die Strategien, die das Wachstum des Unternehmens vorantreiben.

Der Erfolg von Alibaba ist darauf zurückzuführen, dass der Schwerpunkt auf dem Ausbau einer umfangreichen Lieferantenbasis liegt, die sich an chinesische und andere asiatische Verkäufer richtet, die Amazon und Ebay nicht ansprechen. Die B2B-Plattform von Alibaba ist wie ein Tor zu China und seiner enormen Kapazität zur Herstellung von Waren, welche der Welt zur Verfügung steht.

Außer der Region „Greater China" zielt Alibaba auf englischsprachige Marktplätze, um globale Präsenz für den internationalen Online-Handel aufzubauen. Alibaba richtet sich vor allen an kleine und mittlere Privatfirmen sowie einzelne Geschäftsleute, die ein großes Potential im Bereich Online-Vertrieb darstellen. Um Marktanteile außerhalb Chinas zu erlangen, hat Alibaba die E-Trade-Dienste lokalisiert, indem Websites in verschiedenen Sprachen entwickelt wurden, deren Design und Layout der jeweiligen lokalen Kultur entspricht. Beispielsweise richtet sich die englische Website an Käufer aus Übersee im Allgemeinen, während sich die chinesische Website an chinesische Händler richtet und die japanische Website an den japanischen Markt. Alibaba hat auch eine Website in koreanischer und spanischer Sprache erstellt, um seinen Markt in verschiedenen Regionen zu erweitern.

T steht für **Tencent**

Als erstem chinesischem Unternehmen war es Tencent gelungen, in den Klub der mit mehr als 500 Milliarden Dollar bewerteten Technologiekonzerne aufzusteigen. Der Messenger WeChat, der anfangs WhatsApp nachempfunden war, hat sich mittlerweile weiterentwickelt zu einer Allzweck-App, die Messenger-, Bestell- und Mediendienst zugleich ist. So hat WeChat heute über 1,2 Milliarden monatlich aktive Nutzer weltweit.

Tencent Holdings Ltd. hat die Rechtsform einer Limited Liability Company und ihren rechtlichen Sitz im steuergünstigen britischen Überseegebiet der Kaiman-Inseln. Die Unternehmenszentrale befindet sich in Shenzhen der VR China. Mit einer Marktkapitalisierung von 491,3 Milliarden US$ (Stand Juni 2018) ist Tencent das größte Internetunternehmen der VR China und gehört zu den wertvollsten Unternehmen weltweit. Der Jahresumsatz 2019 lag bei 48,3 Milliarden Euro. Im Jahr 2019 verfügte das Unternehmen über 62.885 Mitarbeiter weltweit. Tencent ist an der Börse von Hongkong notiert und im Hang Seng Index gelistet.

Laut einer im Mai 2018 veröffentlichten Rangliste der wertvollsten Marken in Asien von Kantar Millward Brown waren 80 Prozent davon chinesische Marken. Tencent wurde zur wertvollsten Marke Asiens gekürt. Der Markenwert belief sich 2018 auf 179 Mrd. US$.

Die Mission von Tencent ist das „Connecting Ecosystem", das heißt die Verbindung von Menschen, Diensten und Geräten über die Verbindung von Unternehmen und zukünftigen Technologien bis hin zur Förderung von Ökosystemen für alle. Daraus werden Strategien für unterschiedliche Produkte wie z.B. WeChat, WeChat Pay u. Tencent Games entwickelt.

WeChat war ursprünglich ein Chat-Dienst für Smartphones. Inzwischen bietet WeChat viele Funktionen und Aktivitäten wie z.B. Moments, Sprach- und Textnachrichten, Gruppennachrichten, mobile Zahlungen und Spiele. WeChat enthält auch eine zusätzliche Funktion, mit der Benutzer anderen Konten folgen können.

Im Unterschied zur westlichen Welt erfuhr das stationäre Web in China eine geringere

Verbreitung. Im Reich der Mitte werden Onlinedienste vor allem mobil genutzt. Daher genießt WeChat einen deutlich höheren Stellenwert. Durch den großen Funktionsumfang und die Einführung einer Bezahlfunktion ist WeChat so für Millionen Chinesen zum Zentrum ihrer gesamten Onlineaktivitäten geworden. Die Anzahl der aktiven WeChat-Konten hat stetig zugenommen. Im letzten Quartal 2020 hatte WeChat monatlich über 1,2 Milliarden aktive Nutzer aus unterschiedlichen Altersgruppen.

Wenn wir die chinesischen Internetgiganten BAT ansehen, die die chinesische Internetwirtschaft dominieren, und sie mit ihrem jeweiligen Gegenüber aus dem Silicon Valley der USA vergleichen, erscheinen diese Internetgiganten in einem anderen Licht. Sie sind stärker regionalisiert und erfolgreicher ausgerichtet für den heimischen Markt: BAT sind ihren Konkurrenten aus den USA in den Bereichen Suchmaschine, Social Media und E-Commerce auf dem chinesischen Markt weit voraus. Zum Teil durch die Zensurpraktiken der chinesischen Regierung und zum Teil durch kulturelle Unterschiede begünstigt, existiert ein paralleles Online-Universum hinter dem, was oft als „Great Firewall" bezeichnet wird.

Die amerikanischen Internetgiganten wie Google, Facebook und Amazon haben bis heute keinen Zugang zum chinesischen Markt, dem größten E-Commerce-Markt der Welt. Chinas E-Commerce-Markt war 2019 wieder der größte der Welt. Dies geht aus dem vom chinesischen Handelsministerium veröffentlichten Bericht „E-Commerce in China 2019" hervor. Dem Bericht zufolge gab es im Jahr 2019 mehr als 900 Millionen Online-Käufer. Das Gesamttransaktionsvolumen des E-Commerce-Sektors erreichte 4,98 Billionen US$.

Darüber hinaus weisen die chinesischen Internetgiganten BAT deutlich höhere Wachstumsraten als ihre bekannten amerikanischen Pendants auf. So haben Tencent seine Umsätze innerhalb fünf Jahren von 2015 bis 2020 mehr als vervierfacht und Alibaba seine im Bereich E-Commerce verfünffacht.

Chinesische Technologieunternehmen weisen eine höhere Entwicklungsgeschwindigkeit auf.

Während Unternehmen anderer Nationen noch nachdenken, bringen chinesische Firmen bereits die nächste Generation ihrer Produkte an den Markt. Ein gutes Beispiel ist WeChat, erst seit 2011 auf dem Markt, ursprünglich ein Nachahmer von WhatsApp, der inzwischen um zahlreiche Funktionen wie mobile Bezahlfunktion und diverse Kontakttools erweitert wurde. Gegenüber WeChat erscheinen die Standardfunktionen von WhatsApp heute ziemlich überholt.

Der Erfolg der chinesischen Internetgiganten ist vor allem auf drei Gründe zurückzuführen: Erstens lässt das rasche Wirtschaftswachstum des Landes das Konsumpotenzial unaufhörlich steigen, weshalb ein riesiger Markt entstanden ist. Zweitens füllt der E-Commerce und insbesondere die Sparte Mobile Commerce genau die Angebotslücke für die Konsumnachfrage in den ländlichen Regionen. Drittens ist durch die Reform- und Öffnungspolitik Chinas (im Bereich Privatisierung) und die zukunftsweisende Industriepolitik Chinas (z.B. Made in China 2025, Digital Silk Road) ein solides Umfeld für die Gründung neuer Unternehmen und für Innovationen geschaffen worden, was das starke Wachstum von BAT begünstigt hat.

Den eigenen Heimatmarkt haben die chinesischen Internetgiganten schon fest in der Hand. Machen sie sich auf, den Westen zu erobern?

Baidu wird auch außerhalb Chinas expandieren. Darauf hat Baidu-Gründer Robin Li bereits im August 2020 hingewiesen: „Wir wollen diesen Schritt so früh wie möglich gehen. Während der nächsten fünf bis 15 Jahre wollen wir bedeutungsvolle Einnahmen außerhalb Chinas erzielen". Inzwischen ist Baidu auch in Ländern wie Brasilien, Ägypten, Indonesien, Japan oder Thailand vertreten – monatlich kommen weitere dazu. Deutschland und Europa stehen noch nicht auf der Agenda.

Wenn man an Online-Marktplätze denkt, kommen Amazon und eBay den meisten Amerikanern und Europäern in den Sinn. Und dennoch belegen sie weltweit nur den dritten und fünften Platz in Bezug auf das Bruttowarenvolumen. Nach Schätzungen von Statistas ecommerceDB, einer Datenbank mit mehr als 20.000 Online-Shops weltweit, sind Taobao und Tmall, beide im Besitz von Alibaba, die weltweit größten Online-Marktplätze mit einem Gesamtbruttowarenvolumen von 954 Mrd. USD im Jahr 2019.

Tencent ist der weltweit größte Spielehersteller. Eine der bedeutendsten Investitionen, die der chinesische Technologieriese in ausländische Unternehmen tätigte, war 2011, als Tencent für 400 Millionen US$ eine 93-prozentige Beteiligung an Riot Games erwarb. Tencent erwarb einige Jahre später die restlichen sieben Prozent des Eigentums.

Vor diesem Hintergrund ist zu erwarten, dass Chinas Internetgiganten zukünftig weiterhin ihre globalen Aktivitäten ausbauen werden, wie die internationale Presse unter der Schlagzeile „China's Internet Giants go global" mehrfach angekündigt hat. Denn die chinesischen Internetgiganten haben begonnen, an der Vormachtstellung der amerikanischen Pendants Google, Amazon und Facebook zu rütteln. Wie es aussieht, könnte der Führungswechsel in einzelnen Sparten demnächst gelingen.

中美科技爭

德國應如何

US-China Tech-Krieg
Deutschland – Quo vadis?

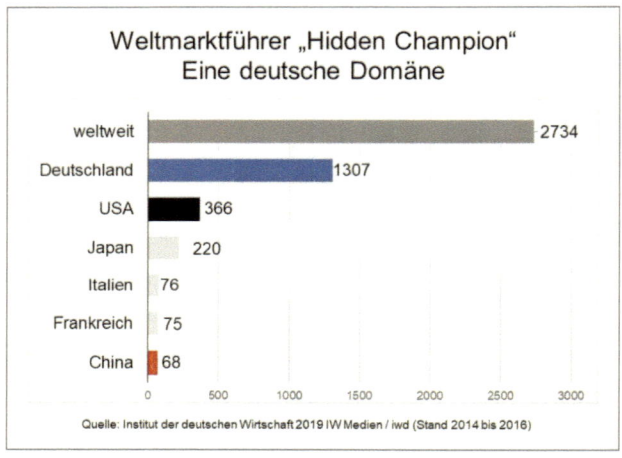

Abbildung 8: Hidden Champions weltweit

Deutschlands Unternehmertum ist für den internationalen Wettbewerb der Zukunft und in vielen Digitalen Bereichen optimal aufgestellt. Die Weltmarktführer bilden dabei die wichtigste Säule in min. 90% aller Branchen. Alle Krisen aus der jüngeren Vergangenheit wurden ohne große Probleme gemeistert.

US-China Tech-Krieg: Deutschlands Antwort

Die Technologien, die unsere Gesellschaften prägen werden und die in allen Bereichen der Wirtschaft eine zunehmend wichtige Rolle spielen, werden zwischen den USA und China aufgeteilt. Beide Staaten entflechten ihre Technologiesektoren, schotten sie zunehmend vom jeweils anderen ab. Die USA bewegen sich in eine Welt, in der chinesische Technologie aus den Lieferketten getilgt werden soll, während China staatlich geförderte nationale Champions schafft, die ein eigenständiges Ökosystem aus heimischer Technologie dominieren.

Sowohl die USA als auch China sehen in technologischer Überlegenheit eine Grundvoraussetzung für wirtschaftliche Macht und militärische Stärke, damit auch für ihre Rolle in der Weltpolitik. Noch halten die USA in vielen wichtigen Technologiebereichen die Führungsposition. Die Ambition der chinesischen Regierung jedoch ist es, schon binnen der nächsten Jahre den Status als „Werkbank des Westens" hinter sich zu lassen und bei den

Zukunftstechnologien der Digitalisierung führend zu werden.

Herausgefordert werden die USA von China aber nicht nur im technologischen Wettbewerb, sondern auch in ihrer Position als global führende Handelsmacht. So ist China schon jetzt die in absoluten Zahlen wachstumsstärkste Volkswirtschaft, der weltweit größte Exporteur und die größte Handelsnation. Wenn sich der aktuelle Wachstumstrend fortsetzt, ist zu erwarten, dass China bis 2030 die USA als größte Volkswirtschaft ablösen wird.

In den USA wird technologische Überlegenheit seit den 1940er Jahren als wichtiges Element der nationalen Sicherheit verstanden. Zunächst galt die Sowjetunion in diesem Zusammenhang als größte Bedrohung; in den 1980er Jahren war die japanische Computerindustrie die Konkurrenz der USA. Bei der Digitalisierungswelle der 1990er Jahre lagen die USA wieder an der Spitze, so konnten sie bei Kerntechnologien der Digitalisierung wieder eine führende Rolle spielen.

China verfolgt nun das Ziel, bei digitalen Kerntechnologien zunächst unabhängig von den
USA zu werden und im nächsten Schritt die eigene Technologie weltweit zu verbreiten. Dieser Anspruch wird deutlich artikuliert in dem
strategischen Plan „Made in China 2025". Ein
wichtiges Instrument ist dabei die Digital Silk
Road Initiative. Sie zeugt von dem Anspruch,
eine eigene technopolitische Einflusssphäre als
Gegenpol zur amerikanischen zu schaffen.
Erste Erfolge dieser Strategie lassen sich an der
wachsenden globalen Bedeutung chinesischer
Firmen im Bereich soziale Netzwerke und
Cloud Services sowie bei Netzwerktechnologie
erkennen. Ihre Wertschöpfungsketten sind global und benötigen Inputs sowohl aus den USA
als auch aus China. In einer Welt, in der diese
beiden großen Märkte aber die Technologie
des jeweils anderen aussperren, werden deutsche Unternehmen, die mit beiden Seiten Geschäfte machen, ein Problem bekommen?

Die digitale Entflechtung wird besonders das
China-Geschäft jener deutschen Unternehmen
gefährden, für die China nur einen kleinen Teil

der internationalen Umsätze macht. Für sie macht es keinen Sinn, weiterhin in China zu investieren, um ihre Marktanteile dort zu sichern.

Im Unterschied dazu können die deutschen Automobilhersteller heute nicht mehr auf China verzichten. Die Bedeutung des chinesischen Marktes für die deutsche Automobilindustrie ist auf neues Rekordniveau gestiegen. 2020 exportierten die deutschen Autokonzerne Volkswagen, Daimler und BMW-Gruppe 5,4 Millionen Fahrzeuge nach China. Das waren 38,2 Prozent der insgesamt weltweit abgesetzten 14,16 Millionen Neufahrzeuge. Der Erfolg der deutschen Autoindustrie wird noch mehr als die allgemeine Wirtschaftsentwicklung in Deutschland von China mitgeprägt.

Deutsche Autobauer bleiben in dieser Welt zunehmender Tech-Isolation zwei Möglichkeiten, um weiterhin ihre Marktposition in den beiden Märkten zu verteidigen.

Erstens können sie Produkte anbieten, die spezifisch auf die beiden Märkte abzielen. Das ist im digitalen Bereich aber weit aufwendiger als in herkömmlichen Industrien. Wer Autos in Großbritannien verkaufen wollte, musste das Cockpit seitenverkehrt bauen. Im Vergleich zum Digitalen ist das noch einfach und zahlbar. Forschung und Entwicklung und die Logistikketten müssen jeweils für die beiden Märkte aufgebaut werden.

Zweitens wäre Hardware und Software modular zu bauen: All jene Teile, die in beiden Märkten genutzt werden können, etwa weil sie aus Europa kommen, könnten für alle Kunden entwickelt und gebaut werden, und nur jene Teile, die kritisch sind, könnten spezifisch für die jeweiligen Märkte gebaut und je nach Kunden ausgetauscht werden.

Deutschlands Antwort

Zwar mag Deutschland bei den Digitaltechnologien weitgehend auf die USA und China angewiesen sein. In anderen Wirtschafts-bereichen jedoch sind für diese beiden Staaten Expertenwissen und Kompetenzen aus Deutschland unverzichtbar, insbesondere bei industrieller Fertigung.

Deutschland gehört seit Jahrzehnten zur Weltspitze der Industrienationen. Der industrielle Sektor wird in Deutschland von global agierenden Konzernen vorangetrieben: Automobilherstellern wie BMW, Daimler und Volkswagen und Großunternehmen wie BASF, Bosch und Siemens sowie einem vielfach zu Recht gerühmten Mittelstand. Die oft wenig bekannten Weltmarktführer aus diesem Segment, die sogenannten Hidden Champions, prägen die deutsche Industrie in besonderem Maße. Gemessen am Umsatz gehören mehr als 1.300 deutsche Mittelständler zu den Top 3 auf der Welt in ihrem spezifischen Nischenmarkt. Damit kommt beinahe jeder zweite der über 2.700

„heimlichen" Weltmarktführer (Hidden Champions) aus Deutschland.

Zu den Stärken der deutschen Industrie zählen die enge und unmittelbare Verzahnung mit den Kunden und die enorme Fertigungs-kompetenz, die sich in spezialisierter Hardware niederschlägt und in eingebetteter Software, die das gesamte Fachwissen und die Erfahrung der Unternehmen kodiert und für hochwertige Produktion nutzbar macht.

Die digitale Transformation verschiebt die Wertschöpfung im produzierenden Gewerbe jedoch zugunsten einfacher, standardisierter IT-Lösungen. Außerdem drohen neue Anbieter die Industrie von der Schnittstelle zum Kunden zu verdrängen. Aus dieser Verschiebung des Wertschöpfungsanteils und der Disruption der Kundenschnittstelle ergibt sich ein Szenario, das die starke Stellung der deutschen Weltmarktführer nachhaltig bedroht.

Daher wurde die digitale Transformation der industriellen Produktion unter dem

Schlagwort „Industrie 4.0" zur Schicksalsfrage des Wirtschaftsstandorts Deutschland erhoben und mitunter als zentraler Bestandteil in die Hightech-Strategie der Bundesregierung integriert. Die industrielle Produktion soll mit moderner Informations- und Kommunikationstechnik verzahnt werden. Technische Grundlage hierfür sind intelligente und digital vernetzte Systeme. Mit ihrer Hilfe soll weitestgehend selbstorganisierte Produktion möglich werden: Menschen, Maschinen, Anlagen, Logistik und Produkte kommunizieren und kooperieren in der Industrie 4.0 direkt miteinander. Durch die Vernetzung soll es möglich werden, nicht mehr nur einen Produktionsschritt, sondern eine ganze Wertschöpfungskette zu optimieren.

Deutsche Unternehmen haben sehr gute Chancen, von der digitalen Transformation zu profitieren. Allerdings sollten sie eine Reihe von Voraussetzungen schaffen und das Tempo der Veränderung erhöhen. Hier einige Beispiele:

Die Unternehmensspitze sollte die digitale Reife des Unternehmens in den Mittelpunkt der Strategie rücken. Digitalisierung ist Chefsache, die Unternehmensführung muss sich mit den Chancen der neuen Entwicklungen beschäftigen und alle Ebenen des Unternehmens in diesen Prozess einbeziehen. Das mittlere Management erhält die Möglichkeit, sich in neuen Herausforderungen zu bewähren und eigene, neue Geschäftsmodelle zu entwickeln.

Die Fachexperten sollten eine Digitalkultur entwickeln und sich stärker mit den neuen Möglichkeiten befassen, die digitale Entwicklungen bieten.

Die Kunden und Zulieferer schließlich sollten trotz manch berechtigter, ja gesunder Skepsis die Chancen der digitalen Ökonomie kennenlernen und sie als Bereicherung sehen können.

Nicht zuletzt ist „Made in Germany" eine weltweit anerkannte Qualitätsmarke. Qualität, Technologie und Sicherheit – das verbinden Menschen mit dem Label „Made in Germany".

Deutsche Premiummarken werden weiterhin im Trend bleiben, vor allem wenn sie künftig im Sinne von „Industrie 4.0" hergestellt werden können.

Deutschlands Weltmarktführer werden weiterhin global eine führende Position einnehmen, wenn sie eine duale digitale Strategie gegenüber den USA und China haben, um dem Druck aus dem bestehenden Technologiekrieg zwischen den Großmächten zu widerstehen.

Es gibt viel zu tun. Packen wir's an.

Über die Autorin:

Isabel Wiedenroth, geb. Chou, wurde 1965 in Taipei geboren. Ihre Vorfahren hatten das Gebiet der späteren Volksrepublik China bereits vor deren Gründung 1949 verlassen. Als Kind kam sie nach Wuppertal und ging dort zur Schule. An der Universität zu Köln studierte sie Ostasienwissenschaften mit Fokus auf Moderne China-Studien. Nach Erlangung des Magistergrades war sie seit 1992 für deutsche Unternehmen im Bereich Automotive in der Region Greater China tätig. Seit 2016 beobachtet sie die digitale Transformation Chinas und untersucht deren Auswirkungen auf die deutsch-chinesische Zusammenarbeit.

Isabel Wiedenroth ist die Gründerin von Sino-German-Trade.com (SGT) - eine Plattform für deutsche und chinesische Expertinnen und Experten. Unter ihrer Leitung wurde die zukunftsweisende "China Digital Tour" im Jahr 2019 für Volkswagen Konzern im Bereich Autonomes Fahren konzipiert und mit nachhaltigem Erfolg durchgeführt. Sie berät deutsche Weltmarktführer wie z.B. Kusch+Co im Hinblick auf ihre China-Strategie und neue Kooperationskonzepte mit China-Partnern im digitalen Zeitalter.

Website:
www.isabelwiedenroth.de

Email:
isabelwiedenroth@gmx.de